Inhaltsverzeichnis

Vorwort

Lieber Leser, die für mich erfreuliche Resonanz auf mein Buch „NLP-Formate" hat mich veranlasst, einen zweiten Band „ NLP-Formate II" herauszubringen. Auch hier stelle ich wieder 15 Formate zum Selbstcoaching für Dich im täglichen Alltagsleben vor. Diese sind als Fortsetzung von Band 1 von 16 bis 30 durchnummeriert. Die Nomenklatur des NLP-Modells, das ich im ersten Band ausführlich dargestellt habe, findest Du zur Orientierung in Kurzform im Anhang1.
• ***Ich wünsche Dir weiterhin viel Spaß und Erfolg beim Selbstcoaching!***

© 2025 Hans Weinberger
Verlag: BoD · Books on Demand GmbH, In de Tarpen 42,
22848 Norderstedt, bod@bod.de
Druck: Libri Plureos GmbH, Friedensallee 273,
22763 Hamburg
ISBN: 978-3-7693-0793-1

Format16: Aktivierung einer positiven Zeitmanagementstrategie

1. **Auspacken der (-)-Strategie:**

    Hast Du Probleme mit der Zukunft (Planung, Ziele, Motivation
    u. a.) oder eher mit der Vergangenheit (Grübeln, häufig von
    unangenehmen Erinnerungen überwältigt, wenig oder keine
    Erinnerung, immer dieselben Fehler u. a.), dann wird Dir dieses
    Format helfen.

Ermittele zunächst Deine Zeitlinie! Wo ist Deine Zukunft? Zeige mit dem Finger, wo Du sie siehst! Mache das gleiche für die Vergangenheit! Meistens hast Du direkt ein intuitives Gefühl, wie Deine Zeitlinie verläuft. Von hinten links durch Dich durch nach vorne rechts? Es gibt hier sehr viele unterschiedliche Möglichkeiten, wie das Gehirn mithilfe der visuellen Submodalität „Ort"unsere Zeitvorstellung codiert.

Eine andere Möglichkeit Deine Zeitlinie zu ermitteln, ist die Konstruktion einer Bildfolge: Stelle Dir vor wie Du vor einer Woche, gestern, morgen, in einer Woche aufwachst: $V^{er}_1 ; V^{er}_2; V^k_3; V^k_4$ Wie sind diese Bilder angeordnet? Gibt es andere oder zusätzliche Submodalitäten, wie Dein Gehirn Vergangenheit und Zukunft unterscheidet?

2. **Design der (+)-Strategie:**

   Experimentiere mit diesen Submodalitäten! Hast Du beispielsweise die Vergangenheit rechts und die Zukunft links, dann vertausche beide! Oder hast Du die Vergangenheit direkt vor Dir; schwenke die Linie nach links etc. Alles nur zur Probe! Du kannst jederzeit zur ursprünglichen Zeitlinie zurückkehren! Notiere den Best Case, mit dem Du Dich am wohlsten fühlst!

3. **Installation der (+)-Strategie:**

   Teste den Best Case für ca. einen Tag! Dein Biocomputer ist ein Optimierer. Wenn die neue Zeitlinie effizienter ist, wird er sie automatisch beibehalten.

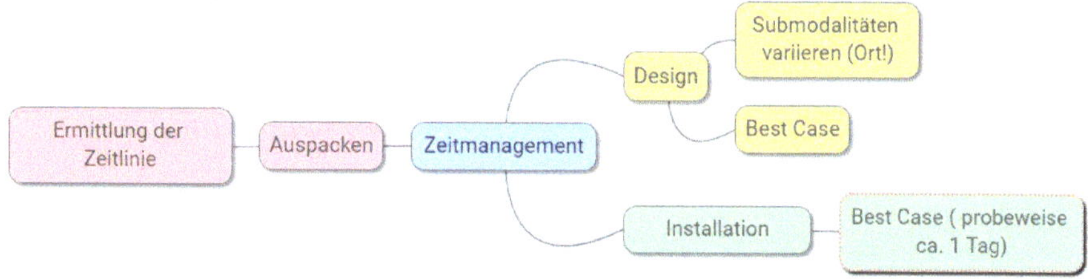

- **Fallbeispiel** (aus „Mit Herz und Verstand" von Connirae & Steve Andreas)

Ruth pflegte nie zu planen. Sie lebte für die Gegenwart. Während sie im Allgemeinen das Leben genießen konnte, spürte sie manchmal, dass ihr Leben keine Richtung hatte. »Ich habe keine Ziele, und manchmal denke ich, ich wäre besser dran, wenn ich welche hätte,« erzählte sie mir. »Gewöhnlich genieße ich das Leben, aber in letzter Zeit habe ich mich niedergeschlagen gefühlt, und ich weiß nicht, wohin ich mich wenden soll. Es scheint, als ob ich mich auf nichts mehr freuen könnte.« Ich erkundete rasch, welche Zeitlinie Ruth hatte. Meine Vermutung entsprechend hatte sie eine lange Vergangenheitszeitlinie, die links von ihr verlief. Ihre Gegenwart war genau vor ihr, aber sie hatte fast überhaupt keine Zukunft. Als Ruth ihre Zukunft beschrieb, sagte sie, »Sie erscheint mir klein und grau, und Sie hört ungefähr 15 Zentimeter rechts von mir auf. Es ist eigentlich nichts darin.« Da Ruth eine Zukunft fehlte, mangelte es ihr buchstäblich an eine Richtung. Sie hatte keine Möglichkeit zu planen und nichts, worauf sie sich freuen konnte. Solange ihre Gegenwart ihr gefiel, machte das nicht viel. Wenn ihre Gegenwart jedoch deprimierend war, wurde daraus für sie ein großes Problem. Die naheliegende Lösung war, Ruth zu helfen, für sich selbst eine

Zukunft aufzubauen. „Ruth, die meisten Menschen haben eine interne Landkarte der Zukunft, so wie Sie eine Landkarte der Vergangenheit haben. Natürlich muss Ihre Zukunftslandkarte viel flexibler und unbestimmter sein, weil keiner von uns sicher weiß, was in Zukunft passieren wird. Eine Zukunftslandkarte sagt einem, was man will. Eine Richtung im Leben, etwas, worauf Sie sich freuen können. Sie möchten ein Gefühl dafür haben, was für Sie wichtig ist und wohin Sie gehen." Bevor ich weitermachte, wollte ich herausfinden, ob Ruth irgendetwas dagegen hatte, eine Zukunft zu haben, besonders, weil sie gesagt hatte, ich kann mich auf nichts freuen. Es stellte sich heraus, dass Ruth einen Einwand hatte, über den sie sich bewusst nicht im Klaren gewesen war. Als Ruth zwölf war, wurde ihre Mutter bei einem Autounfall getötet. Für Ruth war das verheerend. Ihre ganze Zukunft war zerstört worden und sie beschloss auf der Stelle, sich nie wieder auf irgendetwas zu verlassen. „Im Rückblick kann ich sehen, dass ich damals einfach meine innere Zukunft ausgelöscht habe und nie wieder eine aufbauen wollte. Ich fing wirklich an, für die Gegenwart zu leben. Ich wusste nicht, dass ich das tat. Es war einfach das Beste, was ich tun konnte." Und dies ist sehr sinnvoll, besonders für eine Zwölfjährige, weil sie wusste, dass die Gegenwart etwas war, auf das sie sich verlassen konnte. „Welche Art von Zukunft können Sie jetzt aufbauen, auf die Sie sich wirklich verlassen können? Welche Art von Zukunft können Sie aufbauen, die Ihnen nicht wieder genommen werden kann, unabhängig davon, was passiert und die Ihnen das Gefühl einer Richtung geben wird, das Sie wollen?" Ich fuhr vor, Ruth zu empfehlen, wie sie dies in einer Weise machen könnte, die sie nicht nur wieder aufrichten würde, um sie erneut zu vernichten. „Ich nehme an, Sie möchten irgendeine Möglichkeit, um zu wissen, dass Sie leben und für die Zukunft planen können, ohne genau zu wissen, wie die Zukunft sein wird. Sie könnten einfach einen Pfad sehen, eine Richtung, so dass Sie wissen, Sie haben eine Zukunft, ohne genau zu wissen, was geschehen wird. Sie möchten sich auf Ihrer Zukunftszeitlinie nichts allzu Spezifisches vorstellen, wie zum Beispiel, nächstes Jahr werde ich heiraten, weil Sie nicht wissen, ob das geschehen wird. Sie können jedoch Ihre Wertvorstellungen in Ihre Zukunft legen, eine Repräsentation der Art von Erlebnissen, auf die Sie sich in Ihrem Leben zu bewegen wollen. Sie können also alles, von dem Sie noch mehr erleben möchten, auf Ihre Zukunftszeitlinie setzen. Dazu könnte gehören, enge Beziehungen mit Menschen zu haben oder einen Weg zu finden, Ihren eigenen Beitrag in der Welt zu leisten. Dazu könnten Gesundheit und Wohlergehen gehören und viele, viele andere Dinge. Sie können das Gefühl haben, dass Sie unabhängig davon, was geschehen geschieht, eine Möglichkeit finden werden, diese Dinge zu erreichen." Ruth fühlte sich sicherer, wenn zusätzlich auf den auf ihrer Zeitlinie platzierten Wertvorstellungen viele alternativen Pfade oder Wegkabelung in ihrer Zukunft eingebaut waren. Dies gab ihr das Gefühl, dass es immer einen Weg für sie geben würde, den sie nehmen könnte, auch wenn eine andere Strecke versperrt wäre. Sechs Monate später war Ruth damit zufrieden, dass sie eine Richtung im Leben hatte. Sie fühlte sich insgesamt viel besser. „Es gibt immer noch Tage, an denen ich mich down fühle, aber ich bin nicht mehr so niedergeschlagen wie früher." Ruth hatte sich auch entschlossen, wieder zur Schule gehen, um eine Ausbildung in einen technischen Beruf zu machen, der sie interessierte. „Jetzt arbeite ich für die Zukunft. Das hätte ich vorher nicht getan."

Format17: Aktivierung einer positiven Konfliktlösungsstrategie

1. **Auspacken der (-)-Strategie:**

   Ein Konflikt hat die folgende Struktur:

   $[VAKOG]_1^{i,e} \Leftrightarrow_p [VAKOG]_2^{i,e} \Leftrightarrow K.$

   Zwei Strategien (Teile) kämpfen um die Primärkontrolle. (p steht dabei für Polaritätsreaktion.)

2. **Design der (+)-Strategie:**
    - Assoziiere Dich in jeden der beiden Teile vollkommen und betrachte aus der jeweiligen Wahrnehmungsposition den anderen, und zwar so, dass Du den Wert jedes einzelnen erkennst, den er für Dein Leben darstellt (Würdigung)! Du kannst dabei den einen Teil in Deiner rechten Hand – und den anderen in Deiner linken Hand platzieren.
    - Dissoziiere Dich in die neutrale 3. Position und betrachte die beiden Teile so, dass es Dir möglich wird, von einer höheren Ebene deren Konflikt wahrzunehmen.
    - Führe auf dieser höheren Ebene eine Neubewertung so durch, dass der Konflikt keine Rolle mehr spielt.

3. **Installation der (+)-Strategie:**
   Behalte dies in Erinnerung und gehe nun in diesem Zustand in jede der ursprünglichen Positionen und wandere zwischen ihnen so lange hin und her bis die Transformation von der einen in die andere ein Kinderspiel ist. Du kannst dabei sich die Hände annähern lassen, bis sie zusammen kommen:
   $$[VAKOG]_1^{i,e} \Leftrightarrow [VAKOG]_2^{i,e} \rightarrow [VAKOG]_3^{i,e} \Leftrightarrow K_+$$

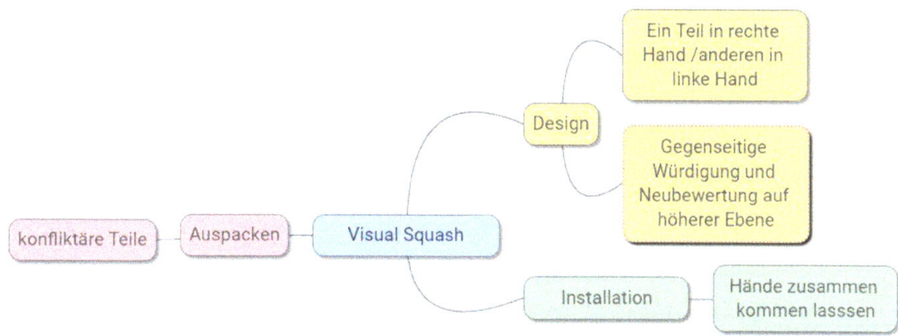

- **Fallbeispiel**

Julia, eine erfolgreiche Managerin Mitte 30, steht vor einem inneren Konflikt. Einerseits liebt sie ihre Karriere und strebt eine höhere Position im Unternehmen an, die sie mit mehr Verantwortung und Erfüllung erfüllen würde. Andererseits sehnt sie sich nach mehr Zeit für ihre Familie und überlegt, ob sie ihre Arbeitsstunden reduzieren sollte, um mehr für ihre zwei kleinen Kinder da zu sein. Beide Seiten in ihr haben starke Argumente, und sie fühlt sich innerlich zerrissen.

Julia schließt die Augen und assoziiert sich vollständig in den Teil, der ihre Karriere liebt. Sie spürt die Energie und den Stolz, den sie empfindet, wenn sie im Büro ist und wichtige Projekte leitet. Sie sieht den Wert dieses Teils, der ihr berufliche Erfüllung, Anerkennung und finanzielle Sicherheit bringt. Aus dieser Perspektive betrachtet sie den anderen Teil, der sich nach mehr Zeit für die Familie sehnt. Sie erkennt, dass dieser Teil wichtig ist, aber glaubt auch, dass beruflicher Erfolg ihr Leben in vielerlei Hinsicht bereichert.

Dann assoziiert sie sich in den Teil, der sich nach mehr Zeit mit der Familie sehnt. Sie spürt die Wärme und die Freude, die sie empfindet, wenn sie mit ihren Kindern zusammen ist und Momente mit ihnen verbringt. Aus dieser Perspektive betrachtet sie den Karriere-Teil und erkennt, dass dieser zwar wichtig ist, aber sie auch davon abhält, wertvolle Zeit mit ihren Kindern zu verbringen, die schnell heranwachsen. Der Wert dieses Teils liegt in der tiefen emotionalen Erfüllung, die Familie und persönliche Nähe bieten.

Julia wechselt nun in eine dritte, neutrale Position, von der aus sie beide Teile betrachtet. Aus dieser Perspektive erkennt sie, dass sowohl ihre Karriere als auch ihre Familie wesentliche Aspekte ihres Lebens sind, die beide auf ihre Weise zu ihrem Wohlbefinden beitragen. Sie versteht, dass der Konflikt zwischen diesen beiden Teilen aus einem Gefühl der Exklusivität entsteht, als ob sie sich für eines von beiden vollständig entscheiden müsste.

Auf dieser höheren Ebene betrachtet Julia den Konflikt und erkennt, dass beide Teile eigentlich das gleiche Ziel verfolgen: Julias Lebenszufriedenheit und Erfüllung. Sie versteht, dass es nicht darum geht, sich für eines der beiden Extreme zu entscheiden, sondern einen Weg zu finden, wie beide Teile in Harmonie koexistieren können. Vielleicht gibt es eine Möglichkeit, ihre Karriere fortzusetzen, während sie gleichzeitig mehr Zeit für ihre Familie schafft, indem sie flexiblere Arbeitszeiten oder Homeoffice-Optionen in Betracht zieht.

Julia kehrt nun in beide ursprünglichen Positionen zurück, aber diesmal mit dem Wissen aus der neutralen Position. Sie beginnt zwischen den beiden Perspektiven hin und her zu wechseln, wobei sie das Verständnis und die Einsicht aus der höheren Ebene mit in die beiden Teile bringt. Mit jeder Bewegung spürt sie, wie der Konflikt schwächer wird und die beiden Teile anfangen, sich zu ergänzen, anstatt sich zu widersprechen.

Während sie diesen Prozess durchläuft, lässt sie ihre Hände – die symbolisch die beiden Teile repräsentieren – langsam aufeinander

zugehen. Als ihre Hände schließlich zusammenkommen, fühlt sie,
wie die beiden Teile zu einer neuen, integrierten Perspektive
verschmelzen. Diese neue Perspektive erlaubt es ihr, sowohl ihre
beruflichen Ambitionen zu verfolgen als auch genügend Zeit für ihre
Familie zu finden, ohne sich schuldig oder zerrissen zu fühlen.

Kommentar:

Das Teilemodell ist im NLP eine äußerst kraftvolle Technik, die vielen Anwendern hilft, tiefe Einsichten in ihre inneren Prozesse zu
gewinnen und diese gezielt zu verändern. Dieses Modell basiert auf
der Annahme, dass unser Bewusstsein aus verschiedenen "Teilen"
(Multimind) besteht, die oft unterschiedliche – und manchmal wi-
dersprüchliche – Ziele, Wünsche oder Bedürfnisse haben. Jeder Teil
repräsentiert eine Facette unserer Persönlichkeit, unserer inneren
Welt. Wir alle kennen das Gefühl, in einer Situation hin- und herge-
rissen zu sein, als würden zwei oder mehr "Stimmen" in uns
sprechen: Ein Teil möchte etwas tun, während ein anderer Teil uns
dazu drängt, genau das Gegenteil zu tun.
Was das Teilemodell im NLP so wirkungsvoll macht, ist die
Möglichkeit, diese inneren Anteile bewusst wahrzunehmen, anzuer-
kennen und in einen Dialog mit ihnen zu treten. Statt sie zu unterdrücken oder als störend zu empfinden, lädt das Modell dazu ein,
jeden Teil als wichtigen Bestandteil des eigenen Selbst zu betrachten
– selbst wenn diese Teile auf den ersten Blick problematisch
erscheinen. Dies kann besonders hilfreich sein, wenn NLP-
Anwender Schwierigkeiten haben, mit anderen Techniken wie
den Submodalitäten zu arbeiten, da das Teilemodell eine ganz andere, eher ganzheitliche und oft intuitivere Herangehensweise bietet.
Interessanterweise gibt es Parallelen zwischen dem NLP-

Teilemodell und vielen mystischen Traditionen, die ebenfalls mit dem Konzept von verschiedenen Teilen des Selbst arbeiten. Dies unterstreicht, wie kraftvoll und universell diese Technik ist. Ein gutes Beispiel dafür sind mystische Traditionen wie die Kahuna-Praktiken auf Hawaii. In dieser Tradition geht man davon aus, dass Menschen mit Krafttieren oder spirituellen Wesenheiten in Verbindung stehen können, die bestimmte Qualitäten oder Kräfte repräsentieren. Diese Krafttiere werden oft externalisiert, das heißt, sie werden als Wesenheiten außerhalb des eigenen Selbst wahrgenommen, die dann eine unterstützende Funktion übernehmen. Sie stehen für bestimmte Teile des Bewusstseins oder der Persönlichkeit, die uns in besonderen Situationen Kraft und Orientierung geben können.

Ein faszinierendes Beispiel aus der modernen Welt ist der legendäre Triathlet Mark Allen, der die Kraft dieser Vorstellung nutzte. Allen war bekannt für seine außergewöhnliche mentale Stärke, die ihm half, extreme physische Belastungen zu überstehen. Er hatte in seinem geistigen Repertoire ein Krafttier, einen Falken, den er während seiner Wettkämpfe visualisierte. Der Falke war für ihn ein Symbol für Ausdauer, Schnelligkeit und Fokussierung. Wenn Mark Allen beim Laufen an seine Grenzen stieß, stellte sah er, wie der Falke auf einem Baumwipfel vor ihm saß. Der Falke flog dann weiter, und Allen folgte ihm symbolisch. Dieser innere Dialog, dieses Bild eines Krafttiers, verlieh ihm mentale und körperliche Energie und half ihm, über seine körperlichen Grenzen hinauszugehen. Der Falke war eine Repräsentation eines Teils von Allen, der ihm die Kraft und Entschlossenheit gab, immer weiter zu machen und sich letztlich als unschlagbar zu erweisen.

Auch wenn es sich bei der Geschichte von Mark Allen um ein spezifisches Beispiel handelt, verdeutlicht sie, wie das Teilemodell im NLP funktioniert. Jeder von uns kann lernen, innere Teile zu identifizieren, ihnen eine Form oder ein Bild zu geben und ihre positiven

Qualitäten zu nutzen, um Herausforderungen zu bewältigen. In Allens Fall war der Falke nicht nur ein Symbol für Geschwindigkeit und Kraft, sondern auch eine Brücke zu einem tieferliegenden Teil seiner selbst, der ihm half, seine mentale und körperliche Leistungsfähigkeit zu maximieren.

Das Teilemodell ermöglicht es uns, eine konstruktive Beziehung zu den verschiedenen Aspekten unseres Selbst aufzubauen. Ein Therapeut oder Coach, der mit dem Teilemodell arbeitet, wird zum Vermittler, der hilft, einen Dialog zwischen den verschiedenen Teilen herzustellen. Dieses Modell zeigt, dass es nicht darum geht, einen Teil zu unterdrücken oder zu dominieren, sondern vielmehr darum, eine innere Harmonie zu schaffen, in der die verschiedenen Teile zusammenarbeiten, um das Wohl des gesamten Selbst zu fördern.

In der therapeutischen Praxis, insbesondere bei Patienten mit multiplen Persönlichkeitsstrukturen oder dissoziativen Identitätsstörungen, kann das Teilemodell äußerst wertvoll sein. Es hilft dabei, die verschiedenen Persönlichkeitsanteile zu verstehen und in einen konstruktiven Dialog zu bringen. Anstatt diese Teile als isolierte oder problematische Aspekte zu betrachten, wird im NLP und in anderen therapeutischen Ansätzen oft versucht, diese Teile zu integrieren und ihnen eine positive Rolle zuzuweisen.

Die Technik des Teilemodells zeigt uns, dass jeder Teil von uns – auch derjenige, der vielleicht Angst, Zweifel oder Selbstsabotage hervorruft – letztlich eine positive Absicht hat. Oft geht es darum, uns zu schützen oder uns auf eine unbewusste Weise zu helfen. Wenn wir diese Teile anerkennen, ihnen zuhören und sie verstehen, können wir diese positiven Absichten bewusst in unser Leben integrieren und sie auf eine Weise nutzen, die uns weiterbringt.

Das Teilemodell lehrt uns, dass unsere innere Welt aus vielen verschiedenen Aspekten besteht und dass wir die Macht haben, diese Aspekte bewusst zu steuern und zu nutzen, um ein erfüllteres und erfolgreicheres Leben zu führen. Es bietet einen Weg, unsere innere Vielfalt nicht als Chaos, sondern als Ressource zu sehen, die uns bereichert und stärkt.

Format18: Aktivierung einer Strategie, um in Beziehungen unabhängig zu werden

1. **Auspacken der (-)-Strategie:**
   Angenommen Du leidest unter Verlustängsten und gelangst beim
   Auspacken zu der folgenden Strategie:

   $$A^i_d \quad \rightarrow \quad V^i \quad \Leftrightarrow \quad V^k/A^i_d \quad \Leftrightarrow \quad K_-$$

   (1) \quad\quad (2) \quad\quad\quad (3) \quad\quad\quad\quad (4)

(1): denkt an die Zukunft

(2): Bilder des Anderen, den Du liebst

(3):„Was, wenn ich ihn verliere?"(Horrorfilm)

(4): Verlustangst

2. **Design der (+)-Strategie:**
   - Mit welchen Submodalitäten in (2) ist die Abhängigkeit von dem Anderen repräsentiert?
   - Was genau möchte ich wirklich von dem Anderen?
   - Entwickele ein ressourcevolles Selbstbild, das diesen Ansprüchen genügt mit den gleichen Submodalitäten!

3. **Installation der (+)-Strategie:**
   Vervielfältige dieses Bild, schwebe über Deine Zeitlinie und streue diese Bilder in Deine Zukunft! Da (2) jetzt durch dieses Bild ersetzt wird, kannst Du keine Verlustängste mehr empfinden. Diese werden durch ein Gefühl der Geborgenheit in Dir selbst ersetzt.

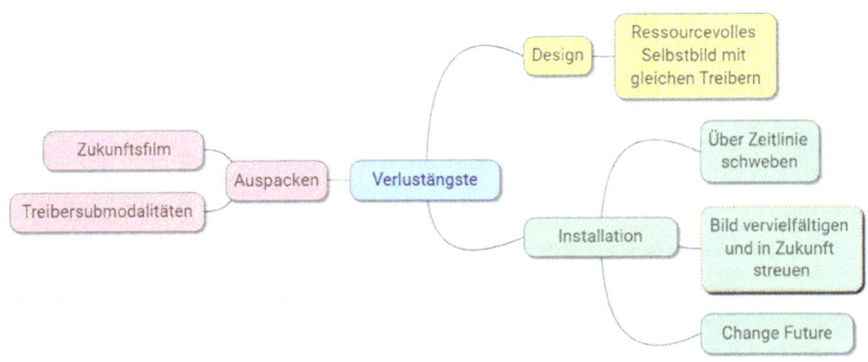

- **Fallbeispiel** (aus „Mit Herz und Verstand" von Connirae &Steve Andreas)

Ann und Bob waren seit sieben Jahren verheiratet. obwohl sie bei den meisten Dingen klar kamen, baten sie bei einem Problem um Unterstützung, das ein Reizthema gewesen war, seit sie sich kennengelernt hatten. Bob beschrieb es so, dass Ann unsicher in Bezug auf ihre Beziehung sei und fortwährend nachfragte, um eine neuerliche Bestätigung von ihm zu erhalten. Um Ann zu beruhigen, musste Bob ihr 8-10 mal täglich versichern, dass er sie liebe. Wenn er es nicht tat, begann Ann ihn zu fragen, ob er sie liebe, und war nicht eher zufriedengestellt, bis er es ihr in einem passenden warmen und sanften Tonfall gesagt hatte.

Das Problem war, dass für Ann das Gefühl, geliebt zu werden, nicht sehr lange anhielt, und dies schien Ann in eine verwundbarere Position zu bringen. Wenn Bob seine Liebe zu ihr empfand und ihr dies sagte, konnte Ann sich gut fühlen, aber was war, wenn er sie gerade nicht empfand oder es nicht sagte?

Viele von uns suchen immer wieder von anderen eine Bestätigung für etwas, was wir selten oder nie in uns selbst erleben. Offensichtlich gehörte es nicht, zu Anns Selbstbild, liebenswert zu sein. Wenn Ann es für Eigenschaft von sich selbst halten würde, liebenswert zu sein, wäre es wahrscheinlich, dass sie die guten Gefühle die ganze Zeit über bewahren würde.

Um Ann zu unterstützen, für sich einen dauerhaften Weg zu finden, sich selbst für liebenswert zu halten, ist es am einfachsten, wenn ich herausfinde, wie sie das in Bezug auf etwas anderes jetzt schon macht. Mit der Frage nach irgend etwas, was bereits Teil ihres Selbstbildes ist, kann ich weiterhin herausfinden, wie sie bezüglich dieser Sache denkt.

„Ann, was ist etwas über Sie selbst, von dem sie im Innersten wissen, dass es wahr ist - egal, was andere auch darüber denken mögen?" „Na, ich denke, ich bin ausdauernd...ich bin intelligent... ich weiß, ich bin freundlich."

*Als Ann darüber sprach, ausdauernd zu sein, bezeichnete sie es
mit „Ich denke". Im Gegensatz dazu drückte sie ihre Sicherheit, als
sie darüber sprach, dass sie freundlich sei, mit „Ich weiß" aus.*

*„Wie wissen Sie, Ann, dass sie freundlich sind? Welches innere Er-
lebnis vermittelt Ihnen das Wissen, dass sie freundlich sind?"*

*„Na, wenn ich daran denke, freundlich zu sein, fühle ich mich weich
und warm."*

*„Das ist das Gefühl, das Sie damit verbinden, freundlich zu sein,
aber meine Frage lautet anders. Wie wissen Sie, dass sie eine
freundliche Person sind?"*

*Ann zögerte kurz. „Na ja, ich denke an Momente, als ich
freundlich gewesen bin." Während sie dies tat, blickte sie kurz nach
links und machte mit der linken Hand eine rasche Geste. Dies war
für mich ein Hinweis, wo in ihrem persönlichen Raum sie die zum
Freundlichsein gehörende Bilder sieht.*

*„Gut. Wie denken Sie an diejenigen Momente, als Sie freundlich wa-
ren? Sprechen Sie mit sich selbst, sehen Sie Bilder oder fühlen Sie
die Bewegungen, die Sie gemacht haben, als sie freundlich waren?"*

*„Na, ich sehe Bilder davon, als ich zu irgend jemand freundlich
war." Ann machte wieder eine Geste mit der linken Hand. „Es gibt
ein ganzes Bündel davon, ungefähr in einer Reihe. Sie sind ziemlich
klein, circa eine Armlänge entfernt."*

*„Hätten Sie etwas dagegen, sich selbst für eine liebenswerte Person
zu halten, auf dieselbe Art und Weise, wie sie sich für eine freundliche Person halten?"*

*„Nein, ich habe nichts dagegen. Das könnte eine gute Idee sein."
Während Ann den tieferen Sinn meiner Frage sorgfältig durchdach-
te, sah ich keine nonverbalen Hinweise auf irgendeinen Einwand.
Sie dachte es einfach gründlich durch.*

*„Gut, schließen Sie Ihre Augen und denken Sie an ein Beispiel, in
dem Sie liebenswert und liebevoll sind, an eine Zeit, als Sie ein Er-*

lebnis schufen, als sie liebten und geliebt wurden..." (Ann nickt.)

„Setzen Sie jetzt dieses Bild an dieselbe Stelle wie eines der Bilder davon, dass sie freundlich sind, gestalten Sie es genauso wie das Bild von Ihrer Freundlichkeit; genauso groß in genau derselben Entfernung von Ihnen etc." (Ann bewegt ihren Kopf nach links, zeigt damit an, dass sie das Bild an die passende Stelle bringt, und nickt erneut.)

„Denken Sie jetzt an, ein anderes Beispiel dafür, zu lieben und ge-liebt zu werden, vielleicht mit einer anderen Person oder in einer anderen Situation."... (Ann nickt.) „Setzen Sie jetzt dieses Bild dort drüben hin neben das andere Bild. Machen Sie damit weiter, bis sie ein ganzes Bündel von Bildern ungefähr in einer Reihe haben, ziem-lich klein, eine Armlänge entfernt."

Ann, verbrachte eine oder zwei Minuten damit, geduldig Bilder von sich selbst, wie sie liebenswert und liebevoll ist, zusammenzustellen, und sagte dann: „Okay, ich bin fertig."

„Ann, schließen Sie jetzt Ihre Augen und stellen Sie sich vor, es sei jetzt drei Wochen später. Die ganze Zeit über hat Bob sich ihnen ge-genüber in jeder Beziehung so wie immer verhalten, nur dass er in diesen drei Wochen nicht einmal gesagt hat: „Ich liebe dich. Wie ist das für Sie?"

Ann lächelte über das ganze Gesicht. „Das ist lustig. Ich hörte, wie eine innere Stimme etwas verstimmt sagte: „Na, dann wird es ja Zeit, dass er es sagt!, aber es war irgendwie wie ein Scherz. Es spielt eigentlich keine große Rolle."

Diese Sitzung, die ungefähr eine halbe Stunde dauerte, ist jetzt über zwei Jahre her. Sowohl Ann als auch Bob stimmen überein, dass es kein Thema mehr ist. Er sagt ihr ein paarmal in der Woche, dass er sie liebt, und sie fragt fast nie. Durch ihr inneres Wissen, geliebt zu werden, ist Ann nicht länger von Bob abhängig, was eine neuerliche Bestätigung betrifft; und sie haben beide mehr Spaß miteinander.

*Wenn sie in einen Streit geraten, ist dies immer noch eine unange-
nehme Sache, aber Ann ist nicht mehr verzweifelt und reagiert viel
ressourcevoller.*

Format19: Aktivierung einer Strategie zum positiven Umgang mit unerwünschten Persönlichkeitsanteilen

1. **Auspacken der (-)-Strategie:**

   Man hört oft den Spruch: „ Der kann sich selbst nicht leiden." Ich denke bei diesem Format immer an die Geschichte von Eckhardt Tolle, der eines Morgens nach einer langen Zeit fürchterlicher Depressionen vor dem Spiegel stand und dachte: „Ich halte es keinen Tag länger mehr mit mir aus!" In diesem Augenblick kam es bei ihm zu einem tiefen Erleuchtungserlebnis: „Wer hält es mit wem nicht länger aus? Sind die beiden nicht ein und derselbe?" Ähnliches kann Dir auch vielleicht passieren, wenn Du dieses Format anwendest. Wenn eine Strategie in bestimmten Situationen abläuft, die zu unerwünschten Verhaltensweisen oder Symptomen führt, dann liegt die folgende Struktur vor:

$$[VAKOG]_1^{i,e} \rightarrow [VAKOG]_p^{i,e} \Leftrightarrow K_-$$

$$(1) \qquad\qquad (2) \qquad (3)$$

(1): unerwünschtes Verhalten

(2): Polaritätsreaktion

    (3): Ärger, Trauer u. a.

2. **Design der (+)-Strategie:**
   - Unbewusstes Ja/Nein Signalsystem zur Kommunikation mit dem für (1) verantwortlichen Teil etablieren
   - Positive Absicht erfragen
   - Unter Einbeziehung des kreativen Teiles 3 Alternativen für (1) generieren

3. **Installation der (+)-Strategie:**
   Dein Biocomputer wird automatisch (1) durch eine dieser Alternativen ersetzen, wenn sie mindestens genauso gut/effizient ist.

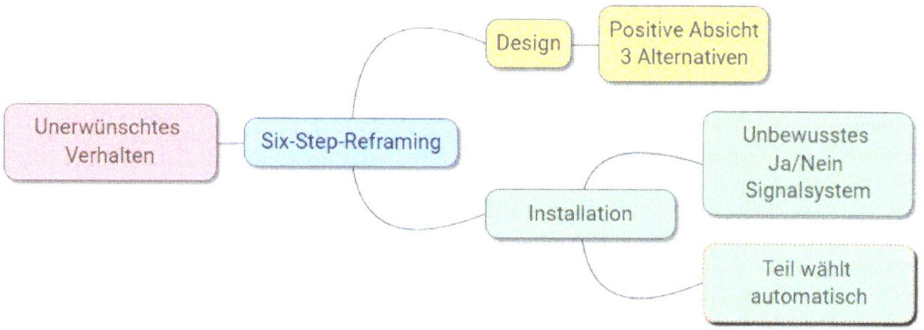

- **Fallbeispiel**

Max ist ein junger Student, der regelmäßig unter Prokrastination leidet. Obwohl er sich fest vornimmt, seine Aufgaben pünktlich zu erledigen, findet er sich oft dabei, wie er sie bis zur letzten Minute aufschiebt. Dieses Verhalten führt zu Stress, schlechteren Leistungen und einem Gefühl der Unzufriedenheit mit sich selbst. Max möchte dieses unerwünschte Verhalten ändern, weiß aber nicht genau, wie er damit beginnen soll.

Max setzt sich entspannt hin, schließt die Augen und bittet sein Unterbewusstsein, ein Signal zu geben, das als „Ja" oder Zustimmung gilt, beispielsweise ein leichtes Kribbeln im Finger oder ein inneres Gefühl der Wärme. Nach einer Weile spürt er ein leichtes Zucken in seinem rechten Zeigefinger und erkennt dies als das „Ja"-Signal. Danach bittet er um ein „Nein"-Signal und spürt ein leichtes Zucken in seinem linken Zeigefinger. Jetzt hat Max ein klares Ja-Nein-Signalsystem.

Max bittet nun das Unterbewusstsein, ihn mit dem Teil in ihm zu verbinden, der für die Prokrastination verantwortlich ist. Er fragt, ob

dieser Teil bereit ist, mit ihm zu kommunizieren, und wartet auf das
„Ja"-Signal. Nach einem Moment spürt er das Zucken im rechten
Finger und weiß, dass der Teil bereit ist.

Max fragt den Teil, der für die Prokrastination verantwortlich ist,
was seine positive Absicht ist. Er bekommt das Gefühl, dass dieser
Teil ihn eigentlich schützen möchte – vor Überforderung, vor der
Angst, etwas nicht gut genug zu machen oder vor dem Druck, der
mit der Erledigung der Aufgaben einhergeht. Prokrastination ist also
ein Schutzmechanismus, der Max vor negativen Gefühlen bewahren
soll.

Max bedankt sich bei dem Teil für dessen Schutz, erkennt aber,
dass es bessere Wege gibt, um mit diesen Ängsten und dem Druck
umzugehen. Er bittet nun seinen kreativen Teil, drei alternative
Verhaltensweisen zu entwickeln, die die positive Absicht des
Schutzes erfüllen, ohne jedoch die negativen Folgen der
Prokrastination zu haben.

Der kreative Teil schlägt folgende Alternativen vor:

Max könnte seine Aufgaben in kleinere, leicht zu bewältigende
Schritte unterteilen und diese nacheinander angehen, um den Druck
zu reduzieren.

Nach jeder erledigten Aufgabe könnte Max sich mit einer kleinen
Belohnung (z.B. eine kurze Pause, ein kleiner Snack) motivieren,
sodass die Arbeit weniger überwältigend erscheint.

Max könnte sich vor Beginn jeder Aufgabe vorstellen, wie gut es
sich anfühlt, sie abgeschlossen zu haben. Dieses positive Bild könnte
ihm helfen, die Arbeit proaktiv anzugehen.

Max bittet den Teil, der für die Prokrastination verantwortlich ist,
diese drei Alternativen zu prüfen und zu entscheiden, ob sie die
positive Absicht genauso gut oder besser erfüllen als das bisherige
Verhalten. Er fragt, ob der Teil bereit ist, das unerwünschte
Verhalten durch eine dieser Alternativen zu ersetzen, und wartet auf

das „Ja"-Signal. Nach einer Weile spürt Max das bekannte Zucken im rechten Finger und weiß, dass sein Unterbewusstsein die Alternativen akzeptiert hat.

Max bedankt sich bei allen beteiligten Teilen und bittet sein Unterbewusstsein, das neue Verhalten zu verankern. Er spürt ein Gefühl der Erleichterung und Zuversicht, dass er in Zukunft produktiver und stressfreier arbeiten wird. Er öffnet die Augen und fühlt sich motiviert, die neuen Verhaltensweisen auszuprobieren.

Kommentar

Ja, das Six-Step-Reframing ist tatsächlich eines der bekanntesten NLP-Formate. Es gilt als besonders wirksam, weil es einen direkten, systematischen Ansatz bietet, um mit inneren Konflikten oder unerwünschten Verhaltensweisen umzugehen. Die Methode erlaubt es, tief verwurzelte Verhaltensmuster oder Persönlichkeitsanteile zu verändern, indem man mit den „positiven Absichten" dieser Anteile arbeitet, statt sie einfach zu unterdrücken oder zu ignorieren.

Warum ist das Six-Step-Reframing so bekannt und wirksam?

1. Ganzheitlicher Ansatz:
Das Six-Step-Reframing zielt darauf ab, die positiven Absichten hinter einem unerwünschten Verhalten oder Persönlichkeitsanteil zu verstehen. Anstatt das Verhalten zu bekämpfen oder zu verdrängen, wird es respektiert und umgelenkt. Dies fördert Akzeptanz und Integration statt innerer Ablehnung.
2. Positive Absicht erkennen:

Oftmals haben auch negative Verhaltensweisen eine „positive" Absicht im Hintergrund. Zum Beispiel könnte ständige Prokrastination darauf beruhen, dass der Persönlichkeitsanteil versucht, die Person vor Überforderung zu schützen. Das Six-Step-Reframing hilft, diese positive Absicht zu erkennen und eine neue, gesündere Strategie zu finden, um das gleiche Ziel zu erreichen.

3. Kommunikation mit dem Unterbewusstsein:

Das Format ermutigt, mit dem eigenen Unterbewusstsein in einen Dialog zu treten. Man „fragt" den unerwünschten Anteil nach seiner positiven Absicht und nach Möglichkeiten, diese auf eine neue Weise auszudrücken. Dies schafft eine tiefere Verbindung zu sich selbst und fördert eine Zusammenarbeit zwischen den verschiedenen „Teilen" der eigenen Persönlichkeit.

4. Flexible Anwendung:

Das Format ist vielseitig und kann auf eine Vielzahl von inneren Konflikten und Verhaltensweisen angewendet werden. Von emotionalen Blockaden über Verhaltensmuster bis hin zu Gewohnheiten – das Six-Step-Reframing hilft, diese Themen auf positive Weise zu verändern.

5. Nachhaltige Veränderung:

Weil das Reframing darauf abzielt, die inneren Mechanismen eines unerwünschten Verhaltens zu verstehen und umzuwandeln, ist die Veränderung oft langfristig und tiefgehend. Es geht nicht um kurzfristige Lösungen, sondern darum, dauerhafte, ressourcenvolle Verhaltensweisen zu etablieren.

Schlagkraft des Formats:

Das Six-Step-Reframing ist so effektiv, weil es nicht einfach „gegen" das Problem arbeitet, sondern es auf positive Weise umdeutet und integriert. Es respektiert, dass jedes Verhalten, auch das unerwünschte, einen Sinn hat, und transformiert es in eine produktive und nützliche Form. Diese Kombination aus Akzeptanz und gezielter Umdeutung macht das Format schlagkräftig und beliebt in der NLP-Welt.

Format20: Aktivierung einer positiven Selbstbehauptungsstrategie

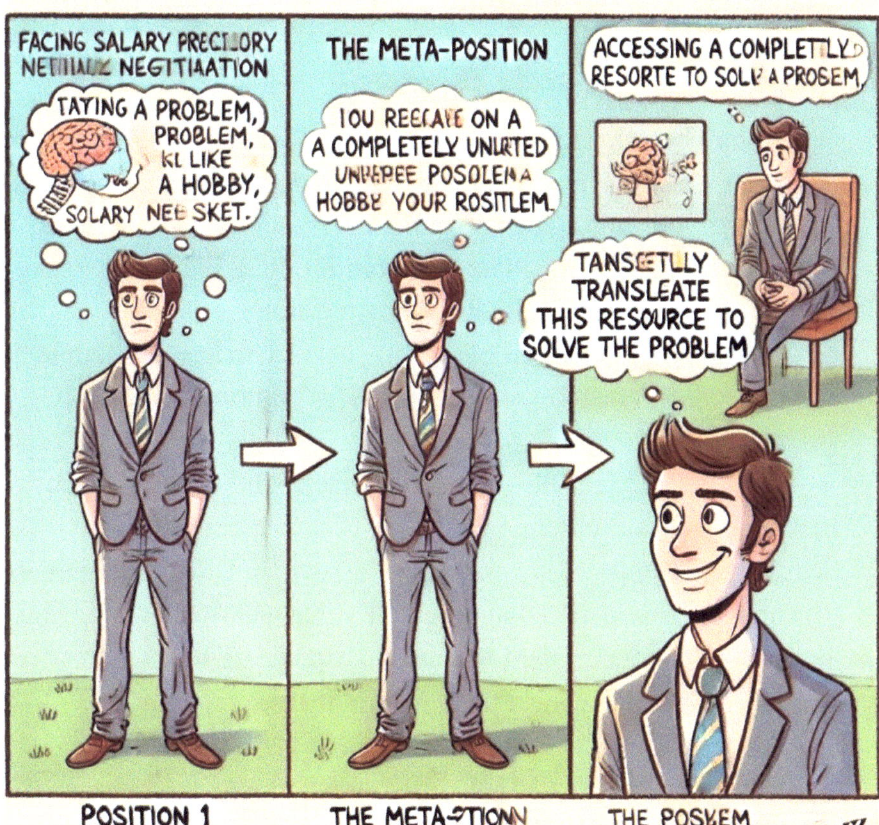

1. **Auspacken der (-)-Strategie:**
   Nehmen wir als Beispiel ein abgelehntes Gehaltsgespräch beim Chef:

   $A^i_d/V^i \Leftrightarrow K_- \rightarrow K^e \rightarrow A^e_d$
   (1)   (2)   (3)   (4)

(1): Bildsequenz Scheitern
(2): Niedergeschlagen
(3): Gehemmtes Auftreten
(4): Ablehnung

2. **Design der (+)-Strategie:**

- Suche für die Problemsequenz einen Platz im Raum und steig ein (Assoziation)!
- Komm heraus und definiere die Meta-Position im Raum!
- Denk an etwas, das absolut nichts mit der Problemsituation zu tun hat und eine echte persönliche Ressource ((+)-Strategie) ist. Bestimme einen Platz im Raum für diese Fähigkeit – steig ein und gehe voll in die Ressourcephysiologie!
- Schau hinüber zum Problemplatz, übersetzte das Problem in den Kontext des Ressourcenzustandes und finde eine Lösung dafür!
- Gehe in die Meta-Position und übersetze die Lösung in den Kontext des Problems!
- Steig in den Problemzustand ein, assoziiere Dich vollkommen und verfeinere die Lösung (evtl. Zyklus mehrmals wiederholen!) bis die Lösungsbildsequenz steht.
- Die (+)-Strategie sieht dann wie folgt aus:

  $$A^i_d/V^i \Leftrightarrow K_+ \rightarrow K^e \rightarrow A^e_d$$

  (1)   (2)   (3)   (4)

  (1): Bildsequenz Erfolg
  (2): Zuversichtlich
  (3): Sicheres Auftreten
  (4): Erfolg
- Die dargestellte Design-Strategie, auch **Befruchtungsstrategie** genannt, kann für eine Vielzahl von

Problemen eingesetzt werden.

3. **Installation der (+)-Strategie:**
   Aufgrund der gleichbleibenden Struktur ist die Installation sehr
   einfach. Wiederhole die (+)-Strategie bis sie sitzt (ca. 6x). Auf
   mindestens 3 weitere Situationen anwenden (Generalisierung)!

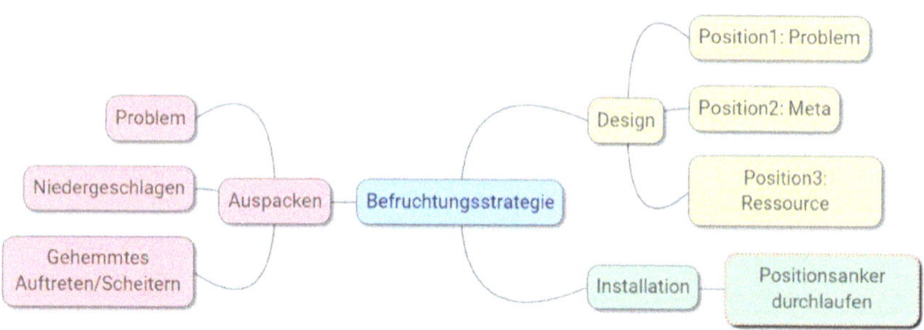

- **Fallbeispiel**

Anna hat kürzlich ein Gehaltsgespräch mit ihrem Chef geführt, in
dem sie um eine Gehaltserhöhung gebeten hat. Leider wurde ihre
Anfrage abgelehnt, was sie sehr niedergeschlagen hat. Das hat nicht
nur ihre Stimmung beeinträchtigt, sondern auch ihre Selbstsicherheit
und Motivation bei der Arbeit. Sie möchte diese negative Erfahrung
verarbeiten und eine neue Strategie entwickeln, um in Zukunft
besser mit solchen Situationen umzugehen.

 Anna beginnt, indem sie einen Platz im Raum bestimmt, der die
Situation des abgelehnten Gehaltsgesprächs repräsentiert. Sie geht
zu diesem Platz und assoziiert sich vollständig in die Situation
hinein. Sie fühlt den Frust, die Enttäuschung und das Gefühl,

abgelehnt worden zu sein. Sie nimmt sich einen Moment, um diese
Emotionen vollständig zu spüren.

Danach tritt Anna aus dieser Problemsequenz heraus und bestimmt
einen anderen Platz im Raum, von dem aus sie die Situation aus
einer neutralen, distanzierten Perspektive betrachten kann. Dies ist
ihre Metaposition. In dieser Position reflektiert sie darüber, was
genau passiert ist, was ihre Gefühle in der Situation waren, und wie
sie bisher mit der Ablehnung umgegangen ist. Sie nimmt die
Situation wahr, ohne direkt emotional involviert zu sein.

Anna wählt nun eine Ressource, die absolut nichts mit der
Problemsituation zu tun hat, aber für sie eine persönliche Stärke
darstellt. Sie denkt an eine Situation, in der sie sich sehr
selbstbewusst, stark und kompetent gefühlt hat – beispielsweise
einen Moment, in dem sie eine schwierige Präsentation erfolgreich
gemeistert hat. Sie bestimmt einen Platz im Raum, der diese
Ressource repräsentiert, und geht zu diesem Platz.

An dem gewählten Platz taucht Anna vollständig in diese Ressource
ein. Sie spürt das Selbstbewusstsein, die Stärke und das Gefühl der
Kompetenz, das sie in dieser erfolgreichen Situation hatte. Sie lässt
diese Gefühle vollständig in sich wirken, sodass sie sich kraftvoll
und fähig fühlt.

Während sie noch in diesem ressourcenvollen Zustand ist, schaut
Anna von der Ressource aus zum Problemplatz hinüber. Sie
übersetzt das Problem – die Ablehnung im Gehaltsgespräch – in den
Kontext ihres ressourcenvollen Zustands. Sie stellt sich vor, wie sie
sich in dieser Situation gefühlt hätte, wenn sie mit der gleichen
Stärke und dem gleichen Selbstbewusstsein aufgetreten wäre, das sie
jetzt spürt. Sie beginnt zu erkennen, dass sie das Gespräch anders
hätte führen können – vielleicht hätte sie nach den Gründen für die
Ablehnung gefragt oder alternative Vorschläge gemacht, anstatt sich
sofort entmutigen zu lassen.

Anna kehrt nun in die Metaposition zurück und betrachtet die Situation erneut, diesmal mit der Lösung, die sie aus dem Ressourcenzustand entwickelt hat. Sie übersetzt diese Lösung in den ursprünglichen Kontext des Gehaltsgesprächs. Sie erkennt, dass sie in zukünftigen Gesprächen diese Ressource bewusst aktivieren kann, um souveräner und flexibler zu reagieren, selbst wenn das Ergebnis nicht sofort positiv ist.

Schließlich geht Anna wieder zum Problemplatz, assoziiert sich erneut in die Situation und bringt die neu gewonnene Lösung mit. Sie stellt sich vor, wie sie das nächste Mal das Gespräch führen würde – mit Selbstbewusstsein, Klarheit und der Bereitschaft, weiter nachzufragen oder alternative Lösungen anzubieten. Sie spürt, dass die Situation weniger belastend und leichter zu bewältigen ist. Anna kann diesen Zyklus mehrmals wiederholen, bis sie das Gefühl hat, dass die Lösung vollständig integriert ist.

Format21: Aktivierung einer Strategie zum positiven Umgang mit Schamgefühlen

1. **Auspacken der (-)-Strategie:**

    Schamgefühle haben in den meisten Fällen die folgende Struktur

    $$V^{er}/A^{i}_{d} \quad \Leftrightarrow \quad K_{-}$$

    Ein Erinnerungsfilm mit Treibersubmodalitäten verbunden mit

einem negativen inneren Dialog ankert die Schamgefühle.

2. **Design der (+)-Strategie:**

   Hier muß lediglich der Anker aufgelöst werden.

3. **Installation der (+)-Strategie:**

   Dazu schwebe über Deiner Zeitlinie zurück in die
   Vergangenheit. Ist es eine ganze Kette von Ereignissen, dann gehe
   zurück bis zu dem ersten in der Kette bis Du direkt über dem
   Ereignis schwebst, welches die Schamgefühle auslöst! Betrachte das
   Ereignis aus dieser Vogelperspektive! Welche Lernerfahrungen
   würden dem Teil von Dir, der die Schamgefühle erzeugt, erlauben
   diese leicht und ohne Anstrengung loszulassen? Speicher diese
   Lernerfahrungen in Deinem Biocomputer an dem Ort, wo Du auch
   andere Lernerfahrungen abspeicherst, so daß dieses Wissen
   verfügbar ist,wenn Du es in der Zukunft brauchst. Dann gehe weiter
   zurück ca. 15 Minuten **vor** das Ereignis und drehe Dich in Richtung
   Jetzt! Deine Schamgefühle sind verschwunden! Anker diesen
   Zustand und gehe nun sehr schnell mit diesem Wissen und Anker
   assoziert durch das Ereignis und weiter durch die ganze Kette der
   Ereignisse zurück in die Gegenwart und spüre wie sich alle diese
   Ereignisse in Deiner Wahrnehmung entsprechend ändern.

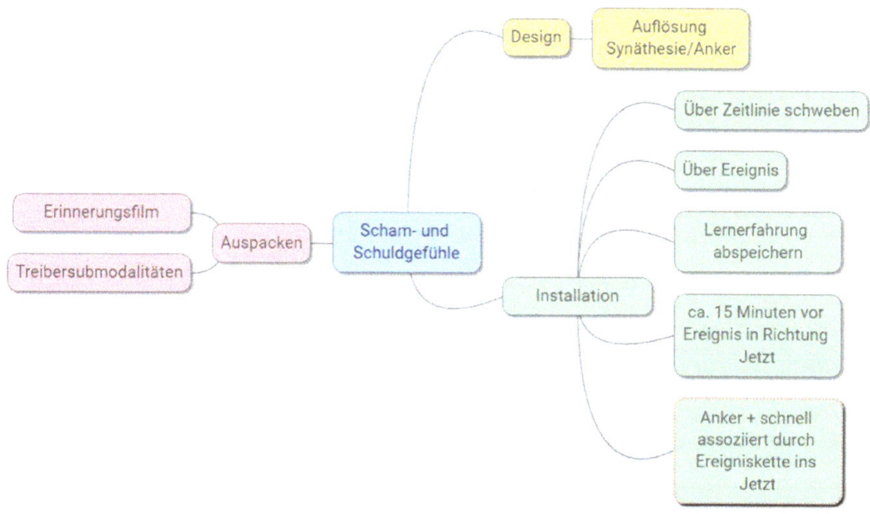

- **Fallbeispiel** (siehe Format 10/36)

- Ein weiteres Fallbeispiel, bei dem Connirae jedoch die Technik **Mapping across** einsetzt, habe ich wiederum aus „Mit Herz und Verstand" von Connirae &Steve Andreas entnommen:

• *Ritas Problem waren Schamgefühle. Sie wollte Ihre Gefühle verändern, damit sie nicht mehr von Schamgefühlen geplagt wurde. „An was müssen Sie denken, um sich zu schämen? Sie brauchen mir nicht sagen, um was es geht. Stellen Sie es nur selbst fest." Rita bewegt Ihr Gesicht nach unten und nach links, wo sie zu einer Stelle sah, die ungefähr 1/2 m vor Ihr lag. Ihr Gesicht verdüsterte sich, während sie zu dieser Stelle blickte. Ich stellte Rita weitere Fragen, um mehr darüber zu erfahren, wie sie Scham sah. Ritas Gesicht verzerrte sich und wurde angespannter, während sie das Bild ansah. Als Rita sich am meisten schämte, stellte sie sich vor, wie sie an ei-*

nem Tisch saß und um sie herum überall andere Menschen, die sie missbilligend anstarrten. Die anderen Menschen waren alle viel größer als sie, und sie sah sie so, als ob sie fast völlig still saßen, anstatt sich wie im richtigen Leben zu bewegen – teilnahmslos an einer Stelle und sie missbilligend anstarrend. Das Bild war dunkel und verschwommen.

Das ist typisch für Leute, die sich schämen. Fast alle Schamerlebnisse beinhalten, dass wir andere große Personen sehen, die uns missbilligend anstarren. Das Bild ist normalerweise dunkel und ohne Bewegung. Wenn Sie das zeitweilig ausprobieren, bekommen Sie wahrscheinlich ebenfalls das Gefühl von Scham.

Um Rita zu helfen, die Schamgefühle zu überwinden, bat ich sie, im ersten Schritt an eine Zeit zu denken, als sie den Wertvorstellungen eines anderen nicht gerecht wurde, sich jedoch nicht schämte, sondern eine ressourcevollere Reaktion zeigte. (Gegenbeispiel) *Als Rita an diese Situation dachte, sah sie zu einer anderen Stelle, die höher lag und zu Ihrer Rechten. Sie sah sich selbst von außen, aber sie konnte auch in das Bild steigen und die Situation noch einmal erleben. Die anderen Menschen bewegten sich und waren genauso groß wie sie. Sie bemerkte auch, dass sie ein dünnes durchsichtigen Schutzschild um ihren ganzen Körper hatte..***(Kontrastanalyse)**

Jetzt, da ich weiß, wie Rita bezüglich eines ressourcevolleren Erlebnisses denkt, bei dem sie den Wertvorstellungen eines anderen nicht gerecht wurde, kann ich diese Information verwenden, um Ihr Schamerlebnis zu verändern. Ich bat Rita, auf das Erlebnis zurückzublicken, bei dem sie sich geschämt hatte. „Sie können sehen, wie diese Menschen Sie anstarren. Was passiert, wenn Sie sie schrumpfen lassen? „Bringen Sie sie auf dieselbe Größe wie Sie selbst!" Rita mochte das neue Bild viel lieber. Sie fühlte sich viel stärker, wenn die anderen Menschen genauso groß waren. Jetzt war Rita so weit,

*dass sie Ihr Schamerlebnis verändern konnte, es in Ihrer Vorstellung
so zu gestalten wie Ihre Ressource-Erfahrung. „Nehmen Sie das
Bild und bringen Sie es an die gleiche Stelle, wo das ressourcevolle
Erlebnis war, bei dem Sie sich nicht geschämt haben." „Es wurde
auch heller und hat sich in einen Film verwandelt", sagte Rita, und
dabei sah sie viel ressourcevoller aus und klang auch so. Die anderen in dem Bild starrten sie nicht mehr an, sondern verhielten sich
natürlicher, indem sie manchmal Rita und manchmal die anderen
anschauten oder ganz wegschauten. Als ich Rita daran erinnerte, Ihren dünnen, durchsichtigen Schutzschild hinzuzufügen, hatte sie das
Gefühl, die Situation, die Ihr vorher Schamgefühle gemacht hatte,
sehen zu können und sich gleichzeitig wohl und ressourcevoll zu fühlen.* **(Mapping across)**

*Jetzt fühlte sich Rita ressourcevoll, aber das reicht noch nicht. Da
Scham mit der Verletzung der Normen eines anderen zu tun hat, ist
es wichtig, Rita zu helfen zu entscheiden, an welche Norm sie sich
halten will und welche Normen überholt sind und von anderen Menschen aufgestellt werden. Als Rita die anderen noch so viel größer
als sich selbst sah, konnte sie keine Normen beurteilen. Sie wurde
nur von schlechten Gefühlen überwältigt. Jetzt, da Rita sich ressourcevoll fühlt, befindet sie sich in einer Position, in der sie die
Normen einschätzen kann, die sie in dieser Situation verletzt hat.
Aus dieser Perspektive heraus kann sich Rita immer noch entschlie-
ßen, dass sie nicht mit diesen Leuten zusammenarbeiten will. Sie
kann jedoch in einer respektvollen Haltung ihnen als Menschen ge-
genüber weggehen, anstatt sie aus einem Gefühl der Überlegenheit
heraus abzulehnen.* **(Normen-Check)**

*Was wir bis jetzt gemacht haben, klärte die spezifische Situation, an
die Rita dachte und in der sie nicht mit der Norm anderer Leuten
einverstanden war. Diese Lösung wäre jedoch ungeeignet, wenn Sie
die Norm, die sie verletzt hat, akzeptabel findet. Wenn sie mit der*

Norm einverstanden ist, möchte ich, dass diese Erkenntnis sie moti-viert, sich zu entschuldigen oder das, was sie getan hat, in irgendei-ner Weise wiedergutzumachen, sodass sie die Beziehung aufrecht-erhalten kann, die sie schätzt. **(Ausgleich)**

Wir vergewisserten uns, dass Rita Ihre Erinnerung an dieses Erleb-nis an derselben Stelle sah, wie Ihr ursprüngliches Ressource-Erlebnis - höher und zu Ihrer Rechten, mit Leuten, die genauso groß sind wie sie selbst und die sich natürlich verhalten, anstatt sie anzu-starren. „Jetzt möchte ich, dass Sie entscheiden, was Sie tun möch-ten, um Ihre eigene Norm zu erfüllen. Möchten Sie sich entschuldi-gen oder das, was Sie getan haben, in irgendeiner Weise wiedergutmachen? Was können Sie tun, um diese Leute wissen zu lassen, dass Sie die Norm anerkennen und Ihr Bestes tun, werden, sie in Zukunft einzuhalten?" Rita schaute nachdenklich. „Mir fallen mehrere Dinge ein, die ich tun könnte und ich denke, es wäre am überzeugendsten, wenn ich alles mache." **(Angemessene Reaktion)**

Rita schaute immer noch sehr nachdenklich. Deshalb fragte ich sie, ob sie noch irgendwelche Fragen oder Anmerkungen hätte. „Nein, ich denke nur gerade, dass ich mich nie wieder schämen muss. Ent-weder gehe ich darüber als nicht wichtig für mich hinweg, oder ich mache etwas, um die Situation zu klären. Es erscheint so leicht. Ich weiß, woher dieses Schamgefühl kommt. Als ich aufwuchs, sah ich meine Großmutter immer über mir, mit dem Finger auf mich zei-gend, wie sie mich aufforderte, mich wegen vieler Sachen zu schä-men."

Es hätte Monate gedauert, die vielen Erlebnisse, auf die sich Rita bezog, durchzugehen, wenn wir sie eines nach dem anderen be-handeln hätten müssen. Als ich Rita fragte, wo Ihre Vergangenheit war, machte Rita eine Geste zu Ihrer Linken, eine gerade Linie ent-lang, wo viele Menschen Ihre Erinnerung an die Vergangenheit auf-bewahren. „Schließen Sie Ihre Augen und nehmen Sie diese neue

Erfahrung, Ihre eigene Perspektive zu haben und anders reagieren zu können, wenn Sie der Norm eines anderen nicht entsprechen, mit sich, während Sie in Ihre Vergangenheit zurückgehen. Gehen Sie zurück zu einem Zeitpunkt, der vor all diesen Erlebnissen mit Ihrer Großmutter liegt, und nehmen Sie diese starke Ressource mit sich, und Sie können sich mit dieser Ressource in Ihre frühe Kindheit fallen lassen. Bewegen Sie sich dann in der Zeit vorwärts und achten Sie darauf, wie sich die Erlebnisse, die mit Scham zu tun hatten, jetzt durch Ihre neue Perspektive und Fähigkeit verändern. Gehen Sie den ganzen Weg bis zur Gegenwart, und wenn Sie in der Gegenwart ankommen, sehen Sie, wie Sie in die Zukunft weitergehen und mit dieser neuen Ressource anders reagieren." Rita kam lächelnd in die Gegenwart und war sehr zufrieden mit den Ergebnissen. **(Neuprägung siehe auch Format37 in Band3)**

Format22: Aktivierung einer Strategie zum positiven Umgang mit Allergien

1. **Auspacken der (-)-Strategie:**

   Bei einer Allergie kann dieses Format die medizinischen Maßnahmen unterstützen. In den meisten Fällen liegt die folgende Struktur vor:

   $$V^e/K^e \Leftrightarrow V^i/A^i_d \Leftrightarrow K^e/K_-$$

   (1)   (2)   (3)

(1): Kontakt mit dem Allergen

(2): Horrorfilm/Panikdialog

(3): Allergische Reaktion

2. **Design der (+)-Strategie:**
   Gegenbeispiel finden (möglichst ähnlichen Stoff, der keine Allergie
   auslöst) und die folgende Sequenz ankern:

   $$V^e/K^e \Leftrightarrow V^i/A^i_d \Leftrightarrow K^e/K_+$$

   (1)   (2)   (3)

   (1): Kontakt mit dem Gegenbeispiel

   (2): Film/Dialog Sicherheit

   (3): Angemessene Reaktion

3. **Installation der (+)-Strategie:**
   Doppelte Dissoziation, Anker auslösen und halten,
   Vorstellung vom Allergen langsam einführen, **Reassoziiation.**

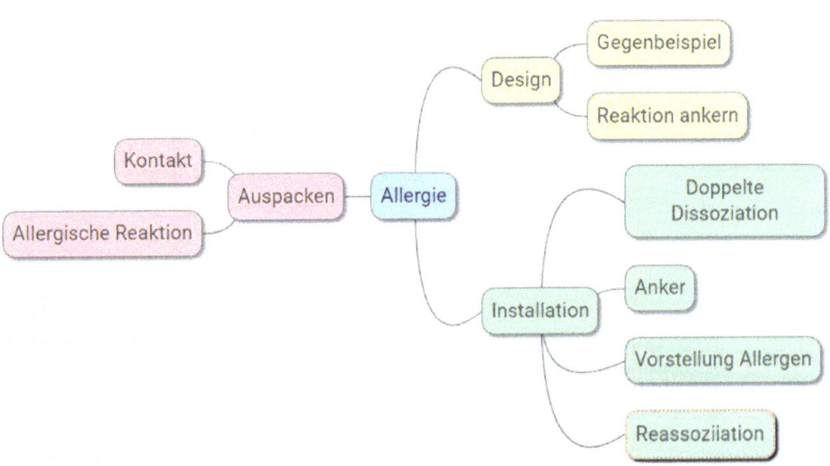

- **Fallbeispiel**

Maria, die seit einem traumatischen Erlebnis in ihrer Kindheit an einer schweren allergischen Reaktion auf Bienenstiche leidet, wünscht sich eine Lösung für ihre lebensbedrohliche Allergie. Der Ansatz in diesem Fall besteht darin, Marias Immunsystem durch NLP-Techniken „umzuschulen", sodass es lernt, auf einen Bienenstich nicht mehr allergisch, sondern normal und angemessen zu reagieren.

Der erste Schritt besteht darin, Maria in eine leichte Reaktion auf ihre allergische Erinnerung zu führen. Durch eine vorsichtige Visualisierung des Bienenstichs, den sie als Elfjährige erlebte, wird die Reaktion ihrer Stresssymptome, die damals lebensbedrohlich waren, nur teilweise wiedererlebt. Dies gibt dem NLP-Praktiker wichtige Hinweise darauf, wie sich Marias Körper in diesem Zustand verhält.

Maria wird nun aufgefordert, sich an eine ähnliche Situation zu erinnern, bei der ihr Immunsystem angemessen reagierte, wie bei einem Wespenstich, der keine schwere allergische Reaktion ausgelöst hatte. Dies dient als Ressource, weil ihr Körper bereits weiß, wie er darauf richtig reagieren kann, ohne in eine allergische Krise zu verfallen.

Während Maria die normale Reaktion auf einen Wespenstich visualisiert und erlebt, wird dies körperlich durch sanften Druck auf ihre Schulter verankert. Dadurch wird die positive Reaktion stabilisiert und das Immunsystem lernt, dies als angemessene Reaktion zu speichern.

Als nächstes visualisiert Maria eine Plexiglasscheibe, die sie schützt, während sie sich selbst auf der anderen Seite beobachtet, wie sie einen Bienenstich auf dieselbe Weise verarbeitet wie einen Wespenstich. Diese Distanzierung ermöglicht es ihrem Geist, den

Unterschied zwischen der alten, allergischen Reaktion und der neuen, normalen Reaktion bewusst wahrzunehmen und zu integrieren.

Nachdem die Plexiglasscheibe entfernt wurde, „zieht" Maria die beobachtete Version von sich selbst mit der neuen Reaktion in sich hinein. Dadurch wird die neue, angemessene Reaktion als Teil ihrer Selbst verankert. Ihr Immunsystem „lernt" nun, dass es auf einen Bienenstich genauso reagieren sollte wie auf einen Wespenstich. Zum Abschluss wird Marias neue Reaktion getestet. Sie wird aufgefordert, sich vorzustellen, dass sie in der Gegenwart oder als Elfjährige von einer Biene gestochen wird, aber diesmal mit der neuen ressourcevollen Reaktion. Da Maria keine Anzeichen einer stressbedingten, allergischen Reaktion mehr zeigt, wird der Prozess als erfolgreich bewertet. Ihr Immunsystem hat die neue, angemessene Reaktion übernommen.

Format23: Aktivierung einer Strategie zur Eliminierung von Zwängen

1. **Auspacken der (-)-Strategie:**
    Ein Zwang hat die folgende Struktur:
    $V^{er}\rightarrow V^{i}\Leftrightarrow K^{i}\rightarrow K^{e}$
    (1)   (2)   (3) (4)
    (1): Vorstellung des Objekts des Zwanges
    (2): Submodalitätsmäßige Verzerrung

(3): Gefühl des Zwanges

(4): Zwanghaftes Verhalten

Der zentrale Punkt bei diesem Format ist es, die Submodalität in (2) zu ermitteln, die den Zwang treibt und ihn unwiderstehlich werden läßt (**Treibersubmodalität**).

Hierbei ist oft eine **Kontrastanalyse** von Nutzen. (z.B. Wenn der Zwang darin besteht Schokoküsse zu essen, diese mit der Vorstellung und den damit verbundenen Submodalitäten von Keksen zu vergleichen, die keinen Zwang auslösen.)

2. **Design der (+)-Strategie:**

Der starke Anker (2) muss aufgelöst werden:

$$V^{er}{\rightarrow}V^{i}{\Leftrightarrow}K^{i}{\rightarrow}K^{e}$$

(1)   (2)   (3) (4)

(1): Vorstellung des Objekts

(2): Keine submodalitätsmäßige Verzerrung

(3): Neutrales Gefühl

(4): Normales Verhalten

3. **Installation der (+)-Strategie:**

Die Treibersubmodalität wird **schnell** bis zu so einem Ausmaß verstärkt, daß die kinästhetische Reaktion eine obere Schwelle überschreitet und „zerknallt" (**Compulsion Blowout**).

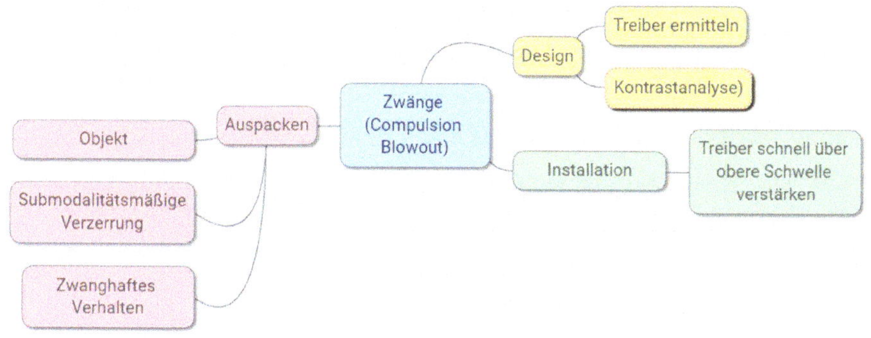

- **Fallbeispiel**

Lisa hat einen starken Zwang, Schokoküsse zu essen. Jedes Mal, wenn sie welche sieht, kann sie kaum widerstehen, einen oder mehrere zu essen, obwohl sie eigentlich abnehmen möchte. Der Drang ist so stark, dass sie sogar abends extra in den Supermarkt geht, um Schokoküsse zu kaufen.

Lisa möchte diesen Zwang loswerden und sucht einen NLP-Coach auf.

Der Coach bittet Lisa, sich vorzustellen, wie sie einen Schokokuss sieht und isst. Sie schließt die Augen und beschreibt das Bild:

Die Schokoküsse sind sehr nah, fast so, als wären sie direkt vor ihrem Gesicht.

Sie erscheinen groß und deutlich.

Die Schokolade ist dunkel und glänzt verlockend.

Das Bild ist sehr hell und klar.

Die Schokoküsse bewegen sich in ihrer Vorstellung auf sie zu, was das Verlangen verstärkt.

Der Coach stellt fest, dass vor allem die Nähe und die Helligkeit des Bildes den Zwang stark beeinflussen.

Nun bittet der Coach Lisa, an ein anderes süßes Lebensmittel zu denken, das sie gerne mag, aber keinen Zwang auslöst, es sofort zu essen. Lisa wählt Kekse aus.

Sie beschreibt das Bild der Kekse:

Die Kekse sind weiter weg.

Sie erscheinen kleiner.

Die Kekse sind weniger glänzend und eher matt.

Das Bild ist etwas dunkler.

Die Kekse bleiben statisch, sie bewegen sich nicht auf sie zu.

Der Coach erkennt, dass die Nähe und die Helligkeit die entscheidenden Submodalitäten sind, die den Zwang auslösen. Bei den Schokoküssen sind diese stark ausgeprägt, während die Kekse weiter weg und weniger glänzend erscheinen.

Nun leitet der Coach Lisa dazu an, das Bild der Schokoküsse in ihrer Vorstellung sehr schnell drastisch zu verändern:

- Der Coach fordert Lisa auf, sich vorzustellen, dass die Schokoküsse blitzartig noch näher an ihr Gesicht heranrücken, bis sie fast berührt werden.

- Gleichzeitig sollen sie in ihrer Vorstellung extrem groß und überwältigend werden, als ob sie riesige Dimensionen annehmen würden.

- Die Helligkeit soll so stark erhöht werden, dass die Schokoküsse in grellem Licht glänzen, fast blendend.

Diese Verstärkung geschieht so schnell, dass die kinästhetische Reaktion – das körperliche Gefühl, das der Zwang auslöst – eine obere Schwelle überschreitet. Dieses Gefühl wird immer intensiver, bis es schließlich „zerknallt": Der Zwang erreicht einen Punkt, an dem er unerträglich und absurd wird, was zu einer Art innerem Zusammenbruch des Zwangsgefühls führt.

Lisa empfindet das übertriebene, „explodierte" Bild der Schokoküsse als unangenehm und übermäßig, was den Zwang effektiv zerstört. Sie verknüpft dieses übertriebene Bild mit der normalen Vorstellung von Schokoküssen, sodass auch in realen Situationen diese übersteigerte Reaktion ausgelöst wird. Dadurch verliert der Zwang seine Macht.

Format24: Aktivierung einer Strategie zur Beseitigung von einschränkenden Glaubenssätzen

1. **Auspacken der (-)-Strategie:**

   Ein einschränkender Glaubenssatz wird in den meisten Fällen wie folgt repräsentiert:

   $V^i/A^i_d \Leftrightarrow K_-$

   (1)   (2)

   (1) Inneres Bild+ einschränkender Glaubenssatz

(2) Gefühl der Einschränkung

2. **Design der (+)-Strategie:**
   - Notiere die Submodalitäten von (1).
   - Nehme eine Wahlmöglichkeit, deren Ausgang Dir egal ist (z. B. : Apfel oder Birne) und notiere die Submodalitäten des damit verbundenen inneren Bildes.
   - **Kontrastanalyse:** Welche Submodalitäten machen den größten Unterschied?
   - Konstruktion Ressourcebild des neuen erwünschten Glaubenssatzes (einwanderhebende Teile mitberücksichtigen): $V^i/A^i_d \Leftrightarrow K_+$

     (1)   (2)

     (1) Inneres Bild+ neuer Glaubenssatz
     (2) Gefühl der Flexibilität

3. **Installation der (+)-Strategie:**
   Erfolgt durch Veränderung der in der Kontrastanalyse ermittelten Treiber: Neuer Glaubenssatz▶Neutrale Wahlmöglichkeit
   Alter Glaubenssatz▶Neutrale Wahlmöglichkeit
   Dann den neuen Glaubenssatz in die Konfiguration des alten Glaubens schnellen lassen!

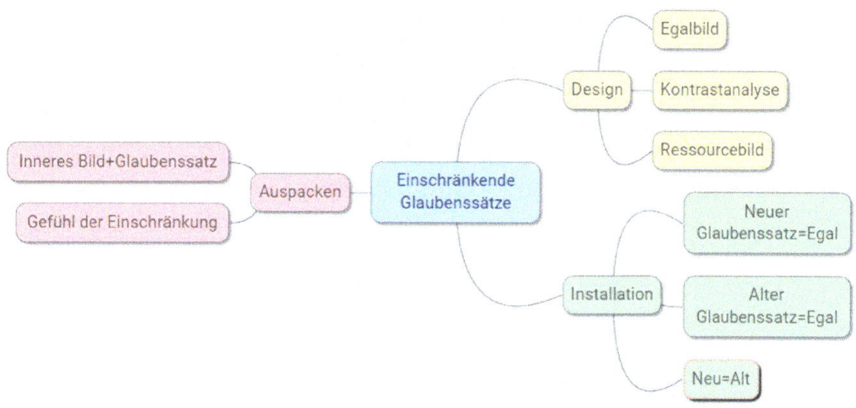

- **Fallbeispiel**

Anna macht sich ein inneres Bild zu ihrem Glaubenssatz „Ich bin nicht gut genug, um eine Führungsposition zu übernehmen." Das Bild ist wie folgt:

Submodalitäten:
  - Ort: Vorne und leicht links
  -Größe: Groß, dominiert den inneren Raum
  -Helligkeit: Dunkel und gedämpft
  - Farben: Grau und Schwarz
  - Schärfe: Unscharf, neblig
  - Bewegung: Stillstehend
  - Ton: Tiefe, leise Stimme, die ständig wiederholt: „Du bist nicht gut genug."

Anna wählt „Apfel oder Birne" als eine Wahlmöglichkeit, die für sie neutral ist. Sie erstellt ein inneres Bild von dieser Wahlmöglichkeit:

Submodalitäten:
  - Ort: Vorne und leicht rechts

- Größe: Mittelgroß
- Helligkeit: Hell, gut ausgeleuchtet
- Farben: Rot (Apfel) und Gelb (Birne)
- Schärfe: Sehr scharf, klar definiert
- Bewegung: Kein starkes Gefühl der Bewegung, leichtes Pulsieren
- Ton: Keine Stimme, nur ein leichtes Hintergrundrauschen

Anna vergleicht die Submodalitäten der beiden inneren Bilder und stellt fest, welche Submodalitäten den größten Unterschied machen:
- Helligkeit: Dunkel (Glaubenssatz) vs. Hell (Wahlmöglichkeit)
- Farben: Grau/Schwarz (Glaubenssatz) vs. Rot/Gelb (Wahlmöglichkeit)
- Schärfe: Unscharf (Glaubenssatz) vs. Sehr scharf (Wahlmöglichkeit)
- Ton: Tiefe, leise Stimme (Glaubenssatz) vs. Kein Ton (Wahlmöglichkeit)

Anna möchte den Glaubenssatz „Ich bin eine starke und fähige Führungskraft" annehmen. Sie stellt sich ein Bild dazu vor:
Submodalitäten:
  - Ort: Vorne, direkt in der Mitte
      –Größe: Mittelgroß, angenehm präsent
  - Helligkeit: Hell und strahlend
  - Farben: Gold und Blau
  - Schärfe: Scharf und klar
  - Bewegung: Leicht fließend, wie eine sanfte Brise
  - Ton: Kräftige, motivierende Stimme: „Du kannst das!"

Nun verändert Anna die Submodalitäten des neuen Glaubenssatzes, damit sie zu denen der neutralen Wahlmöglichkeit passen:
  - Anna stellt sich vor, dass das Bild des neuen Glaubenssatzes die gleichen Submodalitäten wie das Bild der Wahlmöglichkeit „Apfel oder Birne" annimmt: Die Farben ändern sich zu Rot und Gelb, die Helligkeit wird konstant hell, das Bild ist jetzt vorne und leicht

rechts, und es gibt kein Ton mehr, nur ein leichtes
Hintergrundrauschen.

- Jetzt verändert sie das Bild des alten Glaubenssatzes so, dass es
auch die Submodalitäten der Wahlmöglichkeit „Apfel oder Birne“
annimmt: Das Bild wird hell, scharf, und die dunklen Farben
weichen den Farben Rot und Gelb. Die Stimme verstummt.

- Schließlich lässt Anna den neuen Glaubenssatz „Ich bin eine
starke und fähige Führungskraft“ wieder die Submodalitäten des
alten Glaubenssatzes annehmen, aber sie behält die positive
emotionale Ladung des neuen Glaubenssatzes bei. Sie visualisiert,
wie das Bild hell und scharf bleibt, sich jedoch wieder vor sie und
leicht links verschiebt und jetzt kraftvoll den Raum einnimmt.
Anna merkt, wie sich ihr inneres Gefühl ändert. Der alte
Glaubenssatz hat seine negative Kraft verloren, und der neue
Glaubenssatz „Ich bin eine starke und fähige Führungskraft“ fühlt
sich jetzt viel stärker und positiver an. Sie hat das Gefühl, dass
dieser Glaubenssatz nun viel glaubwürdiger ist.

Format25: Aktivierung einer Strategie zur Bereinigung der Vergangenheit

1. **Auspacken der (-)-Strategie:**

    Gibt es auf Deiner Zeitlinie in der Vergangenheit dunkle Abschnitte
    oder fehlende Teilstücke, dann wird dadurch Energie gebunden.
    Diese können mit dem folgenden Format bereinigt werden, wenn es
    nicht so gravierend ist. Bei größeren traumatischen Bereichen ist das
    Format nicht geeignet. Wir gehen von der folgenden Struktur aus:

$V^{er}/A^i_d \Leftrightarrow K_-$

(1)   (2)

(1) dunkle oder fehlende Teilstücke auf der Zeitlinie

(2) Gefühl der Hemmung/Gebundenheit

2. **Design der (+)-Strategie**:

$V^{er}/A^i_d \Leftrightarrow K_+$

(1)   (2)

(1) zusammenhängende Zeitlinie mit relativ gleichartiger Färbung

(2) Gefühl der Lösung

3. **Installation der (+)-Strategie:**

Hierbei benutzen wir die von „Tad James" in seinem Buch „Time Coaching" vorgeschlagene Selbsthypnose:

Begib Dich einfach hoch über Deine Zeitlinie und stell noch einmal fest, wie es ist, über all dem zu sein – genieße es. Dieses Mal möchte ich Dich bitten, dass Du zurückgehst an den Anfang Deiner Zeitlinie. Weit zurück in die Vergangenheit. Und während Du hoch dort über Deiner Zeitlinie bleibst, möchte ich Dich bitten, ganz zurück an den Anfang Deiner Zeitlinie zu gehen. Und indem Du dort über Deiner Zeitlinie schwebst, möchte ich Dir nun vorschlagen, dass Du Dir über Deinem Kopf eine Quelle der unendlichen Liebe und des Heils vorstellst. Und jetzt möchte ich Dich auch bitten, Dir weiterhin vorzustellen, wie diese unendliche Quelle von Liebe und Heil hinabfließt, durch Deinen Kopf hindurch in Dein Herz hinein. Erlaube dieser Energie, die unerschöpflich ist, noch weiter durch Deinen Kopf und Dein Herz zu fließen und dann hinunter in Deine Zeitlinie hinein, wo sie alle aufeinanderfolgenden Punkte in Deiner Zeitlinie heilt. Lass sie in Deine Zeitlinie hineinfließen und heile so jedes der kleineren, geringeren traumatischen Ereignisse. Jeden „rhighlight sce sce">auhen" Bereich Deines Lebens, alle die

Zeitpunkte, an denen Du Dich nicht so gut gefühlt hast, wie Du Dich hättest fühlen können. Und während Du dieser Energie erlaubst zu fließen, kannst Du auch alle vergangenen Hindernisse heilen. Erlaube einfach dieser Energie, sie aufzufüllen und auch zu heilen. Du kannst dabei erkennen, dass Deine Zeitlinie immer heller und heller wird, während Du das tust. In der Tat, vielleicht wirst Du sogar bemerken, dass die Energie – während Du die Vergangenheit damit auffüllst und sie so auch heilst – jetzt beginnen kann, hinaus in die Zukunft zu fließen. Und wenn Du das bemerkt hast, ist es in Ordnung so. Lass es einfach geschehen. Fließe den ganzen Weg hinaus über das Jetzt in die Zukunft, soweit Du sehen kannst, sogar noch weiter…, und noch weiter…, sogar noch weiter als das. Sehr gut. Wenn Du damit fertig bist, möchte ich Dich darum bitten, dass Du wieder vorwärtskommst ins Jetzt; und gleite einfach mitten hinunter in die Gegenwart und ordne Deine Zeitlinie auf eine Art und Weise an, die Dir am angenehmsten erscheint; und wenn Du das getan hast, öffne einfach Deine Augen.

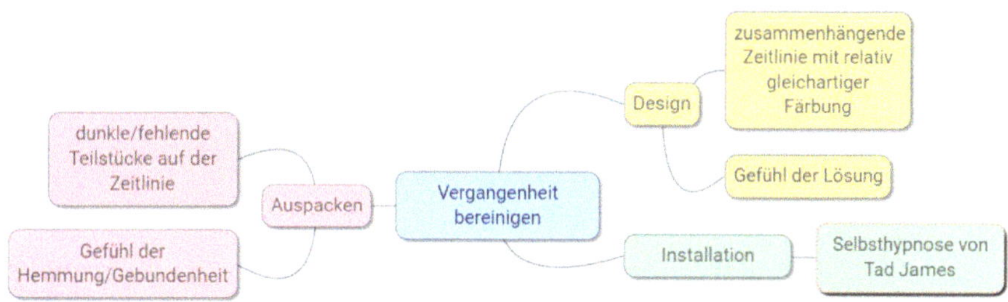

Fallbeispiel

Anna hat Schwierigkeiten, ihre beruflichen Erfolge zu genießen, weil sie immer wieder an Fehler aus der Vergangenheit denkt. Diese negativen Erinnerungen tauchen regelmäßig auf und belasten sie emotional.

Anwendung der Time-Coaching-Strategie:

1. Über die Timeline schweben:
Anna stellt sich vor, wie sie über ihrer eigenen Zeitlinie schwebt und auf ihre Vergangenheit blickt. Sie sieht, dass einige dunkle Stellen und Lücken in ihrer Timeline existieren, die mit negativen Erlebnissen verbunden sind – zum Beispiel eine misslungene Projektpräsentation, die sie damals sehr getroffen hat.
2. Lücken identifizieren:
Sie erkennt, dass diese dunklen Stellen die negativen Erinnerungen darstellen, die sie immer wieder zurückhalten.
3. Färben und Reparieren:
Anna fängt an, diese dunklen Lücken zu „reparieren", indem sie sich die Situation vorstellt und die emotionale Energie verändert. Sie färbt diese dunklen Stellen in hellere Farben um, als ob sie den negativen Eindruck ausradiert und ihn mit positiven, neutralen oder wertvollen Lernerfahrungen ersetzt.
4. Gleichmäßige Zeitlinie:
Nach und nach wird ihre gesamte Zeitlinie gleichmäßig und positiv. Sie spürt, wie die emotionalen Lasten aus der Vergangenheit geringer werden.

Ergebnis:

Nach der Übung fühlt sich Anna innerlich befreit. Die dunklen Erinnerungen haben ihre emotionale Schwere verloren, und sie kann sich auf ihre gegenwärtigen Erfolge konzentrieren, ohne von der Vergangenheit zurückgehalten zu werden.

Kommentar

Es gibt Berichte und Gerüchte über Konflikte und Zerwürfnisse zwischen führenden NLP-Trainern wie Richard Bandler, Tad James und Anthony Robbins, insbesondere in Bezug auf unterschiedliche Ansichten über die Ausrichtung und Praxis von NLP. Während Bandler als Mitbegründer von NLP gilt, haben andere Trainer wie James und Robbins eigene Ansätze entwickelt und popularisiert, was zu Spannungen geführt haben soll.

Die Ursache der Konflikte liegt oft in unterschiedlichen Interpretationen der Techniken und in der Konkurrenz um Einfluss im Bereich der persönlichen Entwicklung. Kommunikationsschwierigkeiten zwischen den Trainern könnten ironischerweise den Ruf ihrer Arbeit untergraben haben, da sie selbst Kommunikationsexperten sind.

Es gibt jedoch keine umfassend dokumentierten Berichte, die die genauen Hintergründe vollständig aufklären.

Format26: Aktivierung einer Strategie zur Beseitigung von Depressionen

1. **Auspacken der (-)-Strategie:**

   Hierbei sind solche Depressionen gemeint, die ihre Wurzel in einer fehlerhaften Strategie haben. Ein typisches Beispiel ist die folgende (-)-Strategie:

   $$A^i_d \Leftrightarrow K_{+-} \rightarrow A^i_d \rightarrow K_-$$

   (1)   (2)   (3)   (4)

(1) Wie fühl ich mich?

(2) Entscheidungspunkt: Gut (weiter zu (3)),schlecht (Exit)

(3) Das wird nicht dauern. Am Ende fühle ich mich immer schlecht.
Dann kann ich mich auch gleich schlecht fühlen.

(4) Depression

2. **Design der (+)-Strategie:**

Durch Umkehrung in (2) erhält man:

$$A^i_d \Leftrightarrow K_{+-} \rightarrow A^i_d \rightarrow K_+$$

(1)   (2)   (3)   (4)

(1) Wie fühl ich mich?

(2) Entscheidungspunkt: Schlecht (weiter zu (3)), gut (Exit)

(3) Das wird nicht dauern. Am Ende fühle ich mich immer gut.
Dann kann ich mich auch gleich gut fühlen.

(4) Gutes Gefühl

3. **Installation der (+)-Strategie:**

Da die Struktur gleich bleibt, muss die Strategie nur geprobt
werden, bis der neue Inhalt sitzt.

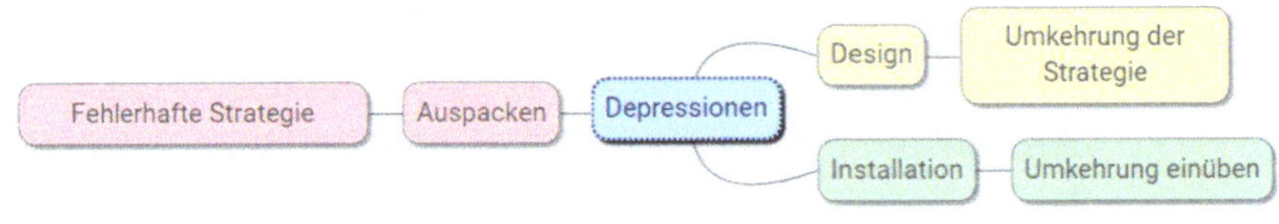

- **Fallbeispiel**

Max leidet unter wiederkehrenden depressiven Episoden. Er hat die Angewohnheit, sich regelmäßig zu fragen: „Wie fühle ich mich?" Wenn er sich gut fühlt, kommt schnell ein Gedanke auf wie: „Das wird nicht lange anhalten. Am Ende fühle ich mich sowieso schlecht. Warum also nicht gleich schlecht fühlen?" Dieser Gedankengang führt oft dazu, dass Max tatsächlich in eine depressive Stimmung verfällt.

Max erkennt, dass seine negative Denkweise eine fehlerhafte Strategie ist, die ihn in einen depressiven Zustand führt. Die Strategie läuft in etwa so ab:

Max fragt sich: „Wie fühle ich mich?"

Max stellt fest, dass er sich gut fühlt.

Er denkt: „Das wird nicht lange dauern. Am Ende fühle ich mich sowieso schlecht."

Er entscheidet sich, sich gleich schlecht zu fühlen, um die Enttäuschung zu vermeiden.

Max fühlt sich schlecht und fällt in eine depressive Stimmung.

Max entscheidet sich, diese fehlerhafte Strategie umzudrehen und eine positive, unterstützende Strategie zu entwickeln. Die neue Strategie läuft so ab:

Max fragt sich: „Wie fühle ich mich?"

Max stellt fest, dass er sich gut fühlt.

Statt sich zu sagen, dass das gute Gefühl nicht lange anhält, sagt Max: „Das gute Gefühl kann sogar noch länger anhalten. Am Ende fühle ich mich sowieso gut."

Max entscheidet sich, sich weiterhin gut zu fühlen, weil das seine natürliche Veranlagung ist.

Max fühlt sich weiterhin gut und stärkt seine positive Stimmung.

Beispielszenario: Eines Morgens wacht Max auf und fragt sich: „Wie fühle ich mich?" Er spürt, dass er sich ziemlich gut fühlt.

-Früher: Max hätte gedacht: „Das wird nicht lange dauern. Am Ende fühle ich mich sowieso schlecht. Warum also nicht gleich schlecht fühlen?" Daraufhin hätte er begonnen, sich schlecht zu fühlen, und wäre den ganzen Tag über niedergeschlagen gewesen.

- Neue Strategie: Max erinnert sich an seine neue Strategie und denkt: „Ich fühle mich gut, und das wird sogar noch besser. Am Ende fühle ich mich sowieso gut, also kann ich mich jetzt genauso gut weiterhin gut fühlen."

Mit dieser neuen Denkweise entscheidet sich Max bewusst dafür, das gute Gefühl zu verstärken. Er beginnt, an positive Dinge zu denken, die er an diesem Tag vorhat, und er freut sich darauf. Das Ergebnis ist, dass Max nicht in eine depressive Stimmung verfällt, sondern seinen Tag in einer positiven und optimistischen Haltung beginnt.

Format27: Aktivierung einer Flexibilitätsstrategie

1. **Auspacken der (-)-Strategie:**
   Hier gibt es nichts auszupacken.

2. **Design der (+)-Strategie:**
   $$K_- \rightarrow A^i_d / V^k \Leftrightarrow K_+ \rightarrow A^i_d \Leftrightarrow V^k \Leftrightarrow K_{+-} \rightarrow K_+ \rightarrow A^i_d$$
   (1)　　　(2)　　　(3)　　(4)　(5)　(6)　(7)　(8)

(1) Gefühl des Festhängens

(2) Was wäre das entgegengesetzte Gefühl?

(3) Entgegengesetzte Gefühl

(4) Was könnte ich tun, um dieses Gefühl zu erhalten?

(5) Bilder von Möglichkeiten

(6) Entscheidungspunkt (wählt die beste)

(7) Gefühl wie in (3)

(8) Los! Tu es!

3. **Installation der (+)-Strategie:**
Schritte wiederholen, bis die neue Strategie sitzt. Auf verschiedene Situationen anwenden.

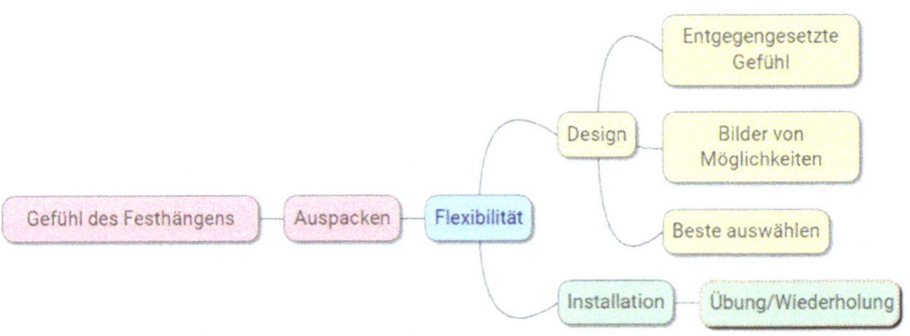

- **Fallbeispiel**

Lisa fühlt sich in ihrer beruflichen Entwicklung festgefahren. Sie ist unzufrieden mit ihrer aktuellen Position, fühlt sich jedoch unsicher und blockiert, wenn es darum geht, etwas zu ändern. Dieses Gefühl des Festhängens führt dazu, dass sie sich passiv verhält und keine Schritte unternimmt, um ihre Situation zu verbessern.

Lisa nimmt ihr Gefühl des Festhängens bewusst wahr. Sie bemerkt, dass sie sich blockiert fühlt, und es fällt ihr schwer, eine klare Richtung einzuschlagen. Sie fühlt sich in einem Zustand der Stagnation und Unsicherheit gefangen.

Lisa fragt sich: „Was wäre das entgegengesetzte Gefühl zu meinem Festhängen?" Sie erkennt, dass das Gegenteil ein Gefühl von Freiheit, Klarheit und Handlungsfähigkeit wäre. Sie würde sich ermächtigt und optimistisch fühlen, als hätte sie die Kontrolle über ihre berufliche Zukunft.

Lisa stellt sich das entgegengesetzte Gefühl vor. Sie visualisiert, wie es sich anfühlen würde, frei und handlungsfähig zu sein. Sie sieht sich selbst in einer Position, in der sie Entscheidungen trifft, die ihre berufliche Entwicklung vorantreiben, und dabei sicher und selbstbewusst handelt.

Lisa fragt sich nun: „Was könnte ich tun, um dieses Gefühl von Freiheit und Handlungsfähigkeit zu erlangen?" Sie denkt über verschiedene Möglichkeiten nach:

 Neue Kontakte knüpfen und sich mit Menschen austauschen, die in interessanten Positionen arbeiten.

Ein neues Fachgebiet erlernen, das sie interessiert und ihre Chancen auf eine bessere Position erhöht.

 Aktiv nach neuen Jobmöglichkeiten suchen und sich bewerben.

 Ein klärendes Gespräch mit ihrem Vorgesetzten führen, um über ihre beruflichen Ziele und mögliche Entwicklungsschritte zu sprechen.

Lisa macht sich innere Bilder zu den verschiedenen Handlungsoptionen:

- Beim Netzwerken sieht sie sich auf Veranstaltungen, wie sie neue Kontakte knüpft und interessante Gespräche führt.

- Bei der Weiterbildung visualisiert sie, wie sie sich in einem neuen Thema einarbeitet und wie ihre Fähigkeiten wachsen.
- Beim Bewerbungen schreiben stellt sie sich vor, wie sie positive Rückmeldungen erhält und Vorstellungsgespräche führt.
- Beim Gespräch mit ihrem Vorgesetzten sieht sie, wie sie selbstbewusst über ihre Ziele spricht und wie ihr Vorgesetzter positiv darauf reagiert.

Lisa entscheidet sich, mit der Möglichkeit zu beginnen, die ihr am besten erscheint. Sie wählt die Option „Gespräch mit dem Vorgesetzten", weil sie glaubt, dass ein klärendes Gespräch sofortige Klarheit bringen könnte und sie die aktuelle Situation direkt beeinflussen kann.

Lisa bereitet sich gründlich auf das Gespräch vor. Sie reflektiert über ihre Stärken, Ziele und möglichen Entwicklungspfade innerhalb des Unternehmens. Dann vereinbart sie einen Termin mit ihrem Vorgesetzten und führt das Gespräch. Sie spricht offen über ihre Wünsche nach Weiterentwicklung und darüber, wie sie das Gefühl der Stagnation überwinden möchte.

Format28: Aktivierung einer Strategie zum positiven Umgang mit Ärger

1. **Auspacken der (-)-Strategie:**
    Ärger ist durchaus nützlich, denn er liefert uns zusätzliche Energie zur Einflußnahme. Eine unangemessene Ärgerreaktion läuft in den meisten Fällen folgendermaßen ab:

    $$V^e \rightarrow V^k/A^i_{dt} \Leftrightarrow K_- \rightarrow K^e$$

    (1)   (2)   (3)   (4)

(1) Auslöser z. B. visuell

(2) Innerer Film: Man sieht sich (assoziiert,weit aufgedrehte Submodalitäten) in einer Ärgerreaktion verbunden mit innerem Dialog (hohe Tonalität)

(3) Ärger

(4) Unangemessene Reaktion

Design der (+)-Strategie:

1. Wie wichtig ist (1) für mich?(Die Bedeutsamkeit von Kriterien kannst Du mit dem nächsten Format ändern!)
2. Welche Submodalitäten in (2) verstärken den Ärger?
3. Wo im Körper spürst Du den Ärger?
4. Die Struktur bleibt unverändert:

$$V^e \rightarrow V^k/A^i_{dt} \Leftrightarrow K_- \rightarrow K^e$$

(1)   (2)   (3)   (4)

(1) Auslöser z. B. visuell

(2)Innerer Film: Man sieht sich (dissoziiert, runter gedrehte Submodalitäten) in einer Ärgerreaktion verbunden mit innerem Dialog (Ist es wichtig für mich?)

(3) Ärger (Gefühl im Körper verschoben)

(4) Angemessene Reaktion

2. **Installation der (+)-Strategie:**

Schritte durchlaufen! Dabei die Submodalitäten in (2) und (3) entsprechend wie in 2. ermittelt so verändern, dass das Gefühl im funktionalen Bereich bleibt. Auf unterschiedliche Auslöser und Situationen anwenden!

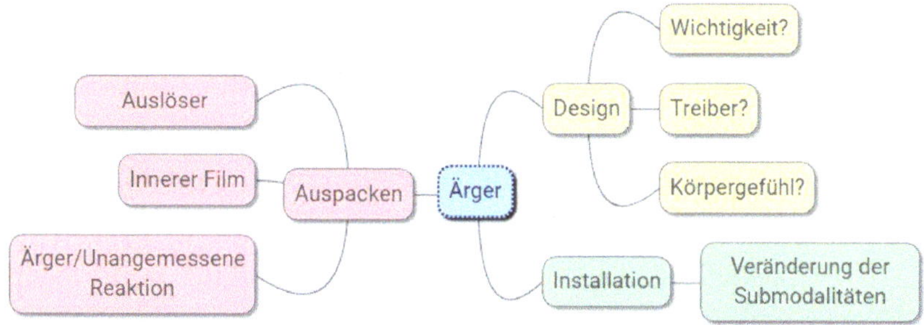

- **Fallbeispiel**

Markus wird wütend, als sein Kollege Tom ihm vorwirft, einen Fehler in einem wichtigen Projekt gemacht zu haben. Obwohl der Fehler tatsächlich nur eine Kleinigkeit war und leicht behoben werden konnte, fühlt sich Markus extrem angegriffen und reagiert innerlich mit starkem Ärger.

Markus fragt sich: „Wie wichtig ist dieses Thema für mich?" Er erkennt, dass der Vorwurf zwar ärgerlich ist, aber die Angelegenheit eigentlich nicht von existenzieller Bedeutung ist. Es handelt sich um einen kleinen Fehler, der leicht korrigiert werden kann, und die langfristigen Auswirkungen sind minimal.

Markus analysiert die Submodalitäten, die seinen Ärger verstärken:

- Visuell: Er sieht vor seinem inneren Auge einen Film, in dem Tom ihn scharf kritisiert. Das Bild ist groß, nah, und Markus sieht es aus der Ich-Perspektive (assoziiert).

-Helligkeit: Das Bild ist sehr hell und klar.

- Farben: Intensiv und gesättigt.

- Bewegung: Der Film läuft schnell ab, die Szene wiederholt sich ständig.

- Auditorisch: Markus hört Toms Stimme laut und in einem

scharfen, vorwurfsvollen Tonfall.

- Kinästhetisch: Markus spürt den Ärger als Anspannung in seinem Brustbereich, als ob sich dort ein Knoten bildet.

Markus macht sich bewusst, wie der innere Film abläuft. Er sieht sich selbst, wie er in der Situation steht und Toms Vorwürfe hört. Der Film läuft aus seiner eigenen Perspektive ab, was den Ärger intensiver macht.

Markus beschließt, den inneren Film und die Submodalitäten zu verändern:

Dissoziation: Markus stellt sich vor, dass er aus der Situation heraustritt und den Film von außen betrachtet, als würde er sich selbst auf einem Bildschirm sehen. Jetzt sieht er sich und Tom aus einer dritten Perspektive (dissoziiert), was den Ärger bereits etwas mindert.

Bildgröße und Nähe: Markus verkleinert das Bild und lässt es weiter weg rücken, bis es nur noch ein kleines, weit entferntes Bild ist.

Helligkeit und Farben: Er dreht die Helligkeit herunter, so dass das Bild gedämpfter und weniger intensiv wird. Er stellt sich vor, dass die Farben verblassen, bis das Bild fast schwarz-weiß ist.

Bewegung: Markus verlangsamt den Film drastisch, so dass die Bewegungen träger werden und sich die Szene nicht mehr wiederholt.

Tonfall: Er verändert Toms Stimme, indem er sie leiser und sanfter macht. Er kann sich sogar vorstellen, dass Tom mit einer komischen, unpassenden Stimme spricht, was die Schärfe und Bedrohlichkeit seiner Worte mindert.

Körperliche Empfindung: Markus lenkt seine Aufmerksamkeit bewusst auf seinen Atem und entspannt bewusst den Knoten in seiner Brust, indem er tief und langsam atmet.

Markus überprüft nun, wie er sich fühlt. Sein Ärger ist deutlich abgeschwächt. Er spürt noch eine gewisse Enttäuschung, aber die

intensive Wut ist verschwunden. Er denkt darüber nach, wie er angemessen reagieren kann, ohne übermäßig emotional zu reagieren. Er erkennt, dass er in einem ruhigen Tonfall mit Tom sprechen und die Situation klären kann, ohne dass es zu einem Konflikt eskaliert.
Markus stellt sich diese neue Reaktion vor:
- Visuell: Der Film zeigt, wie er ruhig und gelassen mit Tom spricht, die Szene ist jetzt in normaler Größe und in normalen Farben.
- Auditorisch: Die Stimmen sind in einem ruhigen und respektvollen Tonfall.
- Kinästhetisch: Markus spürt eine leichte Spannung, aber sie ist kontrollierbar, und er bleibt gelassen.
Markus fühlt sich nun viel ausgeglichener. Er entscheidet sich, das Gespräch mit Tom ruhig zu führen, indem er die Sache sachlich anspricht, ohne sich von seinen Emotionen überwältigen zu lassen. Dadurch vermeidet er eine Eskalation und löst das Problem auf eine konstruktive Weise.

Kommentar

In meinem Buch »NLP und emotionale Intelligenz, Macht über Emotionen gewinnen« beschreibe ich sechs grundlegende Emotionen, die ich als „negative" Zusatzenergien betrachte: Angst, Ärger, Trauer, Ekel, Scham und Schuld. Ähnlich wie Grundfarben in der Farbenlehre lassen sich diese Emotionen miteinander kombinieren, um andere Gefühle zu erzeugen, wie etwa Enttäuschung, das eine Mischung aus Ärger und Trauer ist.

Ich stelle klar, dass Emotionen stets darauf abzielen, uns zu etwas zu bewegen. Jede dieser Grundemotionen erfüllt dabei eine Funktion:

• Angst will uns zur Achtsamkeit oder zu Flucht und Angriff veranlassen.
• Ärger treibt uns zur Einflussnahme.
• Trauer hilft uns, loszulassen.
• Ekel möchte uns etwas abwehren lassen.
• Scham und Schuld motivieren uns zum Ausgleich und zur Korrektur von Ungleichgewichten.

Weiter unterscheide ich zwischen funktionalen und dysfunktionalen Ausprägungen der Emotionen anhand einer Skala von 1 bis 10. Ein funktionales Maß liegt zwischen 4 und 7. Je weiter man in den dysfunktionalen Bereich (1-3 oder 8-10) abgleitet, desto stärker oder schwächer werden die Emotionen empfunden, was zu Überreaktionen wie Panik (Angst) oder einer Unterdrückung wie Gleichgültigkeit (Ärger) führen kann.

Durch diese Einteilung und den bewussten Umgang mit diesen „Zusatzenergien" kann man lernen, sie im funktionalen Bereich zu halten und so emotionale Intelligenz zu entwickeln.

Format29: Aktivierung einer Strategie zur Veränderung der Bedeutsamkeit von Kriterien

1. **Auspacken der (-)-Strategie:**

   Gib es für Dich ein Verhalten, welches Du gerne tun möchtest, Dich dabei aber immer wieder durch ein bedeutsameres Kriterium gestoppt fühlst? Dieses Format schafft Abhilfe. Hier liegt die folgende Strategie vor:

$$V^e/A^i_d \rightarrow V^k/A^i_d \Leftrightarrow K_- \rightarrow K^e$$

(1)   (2)   (3)   (4)

(1) Vorsatz (z. B. regelmäßig joggen)

(2) Vorstellung es zu tun (anstrengend/keine Zeit)

(3) Unlust

(4) Tut was anderes

Design der (+)-Strategie:

1. Welches Kriterium motiviert das Verhalten in (1) (z.B. Fitness)

2. Bestimme die Submodalitäten dieses Kriterium bzgl. seiner Bedeutung d. h. wo steht es innerhalb Deiner Kriterienhierachie?

3. Bestimme die Submodalitäten des Stopp-Kriteriums in (2) (höhere Hierachie-Ebene).

4. Bestimme die Submodalitäten eines Kriteriums (noch höhere Hierachie-Ebene), das Stopp-Kriterium außer Kraft setzen kann.

2. **Installation der (+)-Strategie:**

Verändere die Submodalitäten von (1) in jene des höchsten Kriteriums.

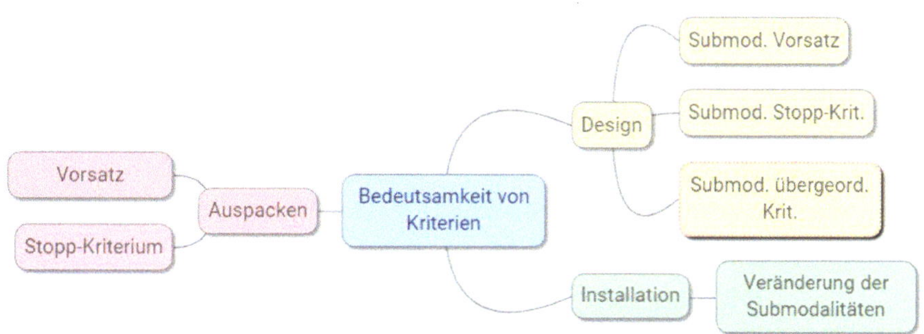

- **Fallbeispiel**

Gewünschtes Verhalten: Regelmäßig joggen.

Stopp-Kriterium: Unlust oder Bequemlichkeit, die dazu führt, dass du nicht joggen gehst.

Überlege, welches Kriterium dich überhaupt motiviert, joggen zu wollen. Zum Beispiel:

 Fitness.

Nun stelle dir die Frage: Warum ist Fitness für dich wichtig?

Antwort: Fitness ist wichtig, weil es deine Gesundheit fördert und dir Energie für den Alltag gibt.

Stelle dir ein Bild oder eine Vorstellung von Fitness vor und achte auf die folgenden Submodalitäten:

 Wie sieht das Bild aus? Ist es farbig oder schwarz-weiß? Ist es groß oder klein? Nah oder fern? Helligkeit? Ist das Bild statisch oder in Bewegung?

 Gibt es ein Geräusch oder eine Stimme, die mit dieser Vorstellung verbunden ist? Laut oder leise? Woher kommt das Geräusch?

 Gibt es ein Gefühl, das mit der Vorstellung von Fitness verbunden ist? Wo im Körper spürst du es? Ist es warm oder kalt? Stark oder schwach?

Zum Beispiel könntest du feststellen, dass das Bild von Fitness farbig, mittelgroß und leicht entfernt ist. Es ist ein statisches Bild, und es gibt ein leises Hintergrundgeräusch von einem Herzschlag. Nun identifiziere die Submodalitäten des Stopp-Kriteriums (z.B. Unlust oder Bequemlichkeit):

Vielleicht ist das Bild von Unlust groß, dunkel, nah und statisch.

Es könnte eine laute, monotone Stimme geben, die sagt: "Bleib lieber auf der Couch."

Das Gefühl könnte schwer und drückend sein, vielleicht im Brustbereich oder im Bauch.

Nun überlege, welches Kriterium für dich noch wichtiger ist als das Stopp-Kriterium (Unlust). Zum Beispiel:

Langfristige Gesundheit und Wohlbefinden.

Stelle dir die Vorstellung von langfristiger Gesundheit und Wohlbefinden vor und analysiere die Submodalitäten:

Vielleicht ist das Bild von Wohlbefinden sehr groß, hell und nahe bei dir. Es bewegt sich leicht und hat strahlende Farben.

Es gibt eine beruhigende, motivierende innere Stimme, die sagt: "Das wird dir langfristig gut tun."

Das Gefühl ist leicht, angenehm und im gesamten Körper spürbar.

Jetzt, da du die Submodalitäten des höchsten Kriteriums (Wohlbefinden) kennst, nimmst du diese Submodalitäten und wendest sie auf das motivierende Kriterium (Fitness) an. Du veränderst also die Vorstellung von Fitness, sodass sie die gleichen Eigenschaften hat wie die Vorstellung von Wohlbefinden:

Stelle dir Fitness als ein großes, helles und nahes Bild vor, das sich leicht bewegt und strahlende Farben hat.

Höre eine beruhigende, motivierende Stimme, die dir sagt, dass Fitness dir langfristig gut tut.

Spüre ein leichtes, angenehmes Gefühl im gesamten Körper, wenn du an Fitness denkst.

Stelle dir jetzt erneut vor, dass du joggen gehst, und achte darauf, wie sich deine Motivation verändert hat. Das Ziel ist, dass das motivierende Kriterium (Fitness) jetzt stärker ist und das Stopp-Kriterium (Unlust) übertrumpft.

Falls nötig, wiederhole den Prozess oder verstärke die Submodalitäten, bis das gewünschte Verhalten (regelmäßig joggen) stärker und attraktiver wird als das Stopp-Kriterium.

Kommentar

Im NLP bezieht sich die Kriterien-Hierarchie auf die Ordnung oder Rangfolge der inneren Werte und Kriterien, die das Verhalten und die Entscheidungen einer Person beeinflussen. Diese Hierarchie beschreibt die relative Wichtigkeit, die eine Person ihren Zielen, Überzeugungen, und Werten beimisst, wobei einige Kriterien wichtiger sind als andere. In der Praxis hilft das Modell, zu verstehen, welche Faktoren jemandem wirklich wichtig sind und wie sie ihre Entscheidungen danach priorisieren.

Definition der Kriterien-Hierarchie:

1. Kriterien: Dies sind die grundlegenden Werte oder Maßstäbe, die für eine Person entscheidend sind. Sie beantworten die Frage: Was ist mir wichtig? Kriterien können alles Mögliche sein, wie z. B. Gesundheit, Sicherheit, Erfolg, Freiheit oder Komfort.

2. Hierarchie: Die Kriterien sind nicht gleichwertig, sondern werden auf unterschiedlichen Ebenen angeordnet, je nachdem, wie bedeutsam sie für eine Person sind. Diese Hierarchie bestimmt, wie Konflikte zwischen verschiedenen Kriterien gelöst werden.

Darstellung der Kriterien-Hierarchie:

1. Persönliche Wahrnehmung: Die Kriterien-Hierarchie zeigt sich in Form von Prioritäten. Ein Mensch trifft Entscheidungen, basierend auf dem Kriterium, das auf der höchsten Ebene der Hierarchie steht. Wenn beispielsweise „Sicherheit" und „Abenteuerlust" zwei wichtige Kriterien sind, aber „Sicherheit" an erster Stelle steht, wird die Person dazu neigen, risikoreiche Entscheidungen zu vermeiden, auch wenn sie von Abenteuern fasziniert ist.
2. Submodalitäten: In NLP werden die Submodalitäten verwendet, um zu analysieren, wie diese Kriterien auf den verschiedenen Ebenen der Hierarchie dargestellt werden. Ein Kriterium auf einer höheren Ebene kann beispielsweise in der Vorstellung größer, heller oder lauter erscheinen als ein weniger wichtiges Kriterium.
3. Konflikte und Entscheidungen: Konflikte entstehen, wenn zwei Kriterien miteinander konkurrieren. Zum Beispiel könnte jemand das Kriterium „Gesundheit" hoch priorisieren, aber auch „Komfort" als wichtig empfinden, was zu einem inneren Konflikt führen kann, wenn es um Entscheidungen wie Sport treiben oder auf der Couch bleiben geht.

Anwendung der Kriterien-Hierarchie:

• Selbstreflexion: Indem man sich seine Kriterien-Hierarchie bewusst macht, kann man verstehen, warum man in bestimmten Situationen handelt, wie man handelt.
• Veränderung von Verhaltensweisen: Im NLP können Techniken eingesetzt werden, um die Hierarchie zu verändern. Beispielsweise kann das Kriterium „Bequemlichkeit" durch Reframing weniger wichtig gemacht werden, indem man es durch das Kriterium „Gesundheit" oder „Langfristiger Erfolg" ersetzt.

Persönlich stellt sich die Kriterien-Hierarchie oft in der Art dar, wie man über seine Ziele und Werte nachdenkt und wie intensiv und motivierend diese erlebt werden.

Format30: Aktivierung einer Strategie zum Schutz der eigenen Bedürfnisse

1. **Auspacken der (-)-Strategie:**

   Bist Du übermäßig Empfänglich für die Bedürfnisse von anderen, während Du Deine eigenen vernachlässigst? Dies führt oft zu einem „Ausbrennen" bzw. „Ausgelaugt" werden. Die Strategie hat dann folgende Gestalt:

$$V^e \rightarrow A^i_d \Leftrightarrow V^k \rightarrow K^e \Leftrightarrow K_+ \rightarrow K^e$$

(1)   (2)   (3)   (4)   (5)   (6)

(1) Sehen bedürftigen Anderen

(2) Ich muß helfen!

(3) Repräsentation dessen, was diese Person braucht

(Bild groß, hell, nah, reingezoomt, panoramisch,

ganze Leinwand ausgefüllt, kein Platz für Bilder, was Du willst u.a.)

(4) Hilfe

(5) Mitleid/Empathie

      (6) Gefühl des „Ausbrennens"

2. **Design der (+)-Strategie:**

Gleiche Struktur (Utilisation):

$$V^e \rightarrow A^i_d \Leftrightarrow V^k \rightarrow K^e \Leftrightarrow K_+ \rightarrow K^e$$

(1)   (2)   (3)   (4)   (5)   (6)

(1) Sehen bedürftigen Anderen

(2) Er muß lernen auch allein klarzukommen und

ich muß auch an mich denken.

(3) Repräsentation dessen, was diese Person braucht und

was meine Bedürfnisse sind (Zwei Leinwände nebeneinander).

(4) Angemessene Hilfe

(5) Respekt für mich und dem Anderen

(6) Gefühl der Sicherheit

3. **Installation der (+)-Strategie:**

    1. Verändere die Submodalitäten in (3). Ist das Bild groß und nah, vielleicht panoramisch? (Falls Du Schwierigkeiten hast, die wesentlichen Submodalitäten zu identifizieren, vergleiche das Bild mit einem Bild von jemandem, bei dem Du nicht übermäßig empfänglich reagierst.) Bewege das Bild von der anderen Person oder von ihren Bedürfnissen weiter weg, und

mach es kleiner, dunkler, weniger farbig etc. War es am Anfang panoramisch, so reduziere den Blickwinkel auf ein kleines gerahmtes Bild.

2. Nun schaffe eine andere Leinwand, einen zusätzlichen Bildschirm in derselben Größe, mit derselben Helligkeit und Entfernung. Frage Dich „Was will ich?" und setze Deine Antworten in diesen neuen Rahmen.

3. Nun blicke auf zwei Leinwände oder Bildschirme: eine oder einer zeigt Deine Wünsche und der oder die andere die Wünsche der anderen Person. Frage Dich: „Was würde die Bedürfnisse/Wünsche sowohl von mir als auch von der anderen Person am besten erfüllen?" In bestimmten Situationen, oder bei bestimmten Personen, kann es angemessener sein, Deine eigenen Bedürfnisse mehr (oder weniger) wichtig im Vergleich mit denen von anderen zu machen (angemessene Ausgewogenheit).

4. Wiederhole die Schritte bis sie sitzen und wende die neue Strategie auf mindestens 3 weitere Situationen an (Generalisierung).

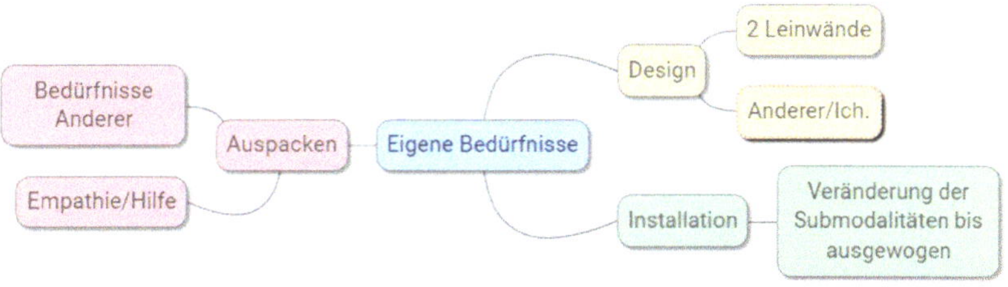

- **Fallbeispiel**

Sabine ist eine engagierte Sozialarbeiterin, die seit vielen Jahren in einem Beratungszentrum für obdachlose Menschen arbeitet. Sie ist sehr empathisch und empfindet großen Druck, anderen zu helfen, oft auch auf Kosten ihrer eigenen Gesundheit und persönlichen Bedürfnisse. Sabine hat das Gefühl, dass sie immer "geben" muss, ohne sich selbst zu erlauben, auch mal "zu nehmen". Dies hat dazu geführt, dass sie sich ausgelaugt und emotional erschöpft fühlt, was sich in Form von Schlafproblemen und ständiger Müdigkeit äußert. Ihr Chef und ihre Kollegen haben sie darauf aufmerksam gemacht, dass sie sich besser um sich selbst kümmern muss, um langfristig in ihrem Beruf leistungsfähig zu bleiben.

Sabine erkennt, dass sie ihre eigenen Bedürfnisse häufig vernachlässigt. In Situationen, in denen Klienten ihre Hilfe brauchen, spürt sie sofort den Drang, alles stehen und liegen zu lassen und sich ganz auf das Problem des anderen zu konzentrieren. Ihre eigenen Bedürfnisse, wie Pausen, gesunde Ernährung oder Zeit für sich selbst, treten in den Hintergrund. Die ungesunde Balance zwischen Selbstfürsorge und Fürsorge für andere führt dazu, dass Sabine kurz davor steht, auszubrennen.

Sabine möchte lernen, ihre eigenen Bedürfnisse genauso zu berücksichtigen wie die Bedürfnisse ihrer Klienten, um ein gesundes Gleichgewicht zwischen Geben und Nehmen zu finden.

Sabine sucht eine NLP-Therapeutin auf, die ihr eine Technik beibringt, mit der sie ihre eigenen Bedürfnisse und die Bedürfnisse der anderen Menschen, denen sie hilft, besser in Einklang bringen kann.

Sabine erinnert sich an eine konkrete Situation in der vergangenen Woche, in der sie einem Klienten dringend helfen wollte, obwohl sie selbst erschöpft und hungrig war. Sie visualisiert diese Situation in ihrem Geist, wie sie es gewohnt ist: Sie sieht das Bild des Klienten, der in Not ist, sehr klar und lebendig vor sich. Das Bild ist groß, hell und nah, was ihr Gefühl der Dringlichkeit verstärkt.

Die Therapeutin bittet Sabine, sich vorzustellen, dass sie einen zweiten Bildschirm neben dem ersten hat. Dieser zweite Bildschirm ist in der gleichen Größe, Helligkeit und Entfernung wie der erste Bildschirm, auf dem sie ihren Klienten sieht. Sabine stellt sich nun vor, dass auf dem zweiten Bildschirm ihre eigenen Bedürfnisse dargestellt werden: Sie sieht sich selbst, wie sie eine Pause macht, etwas isst und neue Energie tankt.

Sabine wird nun angeleitet, beide Bildschirme gleichzeitig wahrzunehmen. Sie sieht auf dem einen Bildschirm den bedürftigen Klienten und auf dem anderen sich selbst, wie sie sich um ihre eigenen Bedürfnisse kümmert. Die Therapeutin fordert Sabine auf, sich in diesem Zustand bewusst zu machen, dass sie nur dann wirklich effektiv helfen kann, wenn sie auch auf sich selbst achtet.

Sabine erkennt, dass beide Bildschirme gleich wichtig sind. Die Therapeutin lässt Sabine sich vorstellen, wie sie in der Situation ihrem Klienten helfen kann, aber nur, nachdem sie sich kurz um ihre eigenen Bedürfnisse gekümmert hat. Sie visualisiert, wie sie ihrem Klienten mit neuer Energie und Klarheit zur Seite steht, weil sie sich selbst auch Raum gegeben hat.

Sabine übt diese Technik in den nächsten Wochen immer wieder, wenn sie in ähnliche Situationen kommt. Jedes Mal, wenn sie den Drang verspürt, sofort alles für jemanden anderen zu tun, stellt sie sich die zwei Bildschirme vor und erinnert sich daran, dass ihre eigenen Bedürfnisse genauso wichtig sind. Diese Visualisierung hilft ihr, bessere Entscheidungen zu treffen und ein gesünderes Gleichgewicht zwischen Geben und Nehmen zu finden.

Anhang1:Nomenklatur

Nomenklatur

- (V A K O G):=(Sehen, Hören, Fühlen, Riechen, Schmecken)
- (e,i,er,k):=(extern, intern, erinnert, konstruiert)
- (d,t):=(digital, tonal)
- A^i_d:=innerer Dialog
- K_+:=positive Emotion; K_-:=negative Emotion
- ($\rightarrow$, $\Leftrightarrow$, /):=(Konsekution, Zyklus,Synästhesie)

- Submodalitäten von V:=Helligkeit, SW/Farbe, Entfernung, Größe, Ort, Focus, Kontrast, 3D, Film, Anzahl Bilder, Transparenz, assoziiert/dissoziiert, Rahmen, Form, Proportion etc.

- Submodalitäten von A:=Ort, Richtung, Lautstärke, Tonalität, Bewegung, Timbre, Rhythmus, Dauer, Tempo, Stimme etc.

- Submodalitäten von K:=Ort, Größe, Form, Intensität, Bewegung, Dauer,Hitze, Gewicht, Stetigkeit etc.

- Submodalitäten von O:=Intensität, Richtung, Ort, angenehm/unangenehm, kampferartig, moschusartig, blumig, faulig etc.

- Submodalitäten von G:=Intensität, süß, sauer, salzig, bitter, würzig, scharf etc.

- Strategie:=Abfolge von Repräsentationen mit Primärkontrolle
- (-)-Strategie:=schlechte/ineffiziente Strategie
- (+)-Strategie:=gute/effiziente Strategie
- Format:=
1. Auspacken der (-)-Strategie
2. Design der (+)-Strategie
3. Installation der (+)-Strategie

Anhang2: Schlagworte

1. Rechtschreibung
2. Entscheidung
3. Angstbewältigung
4. Motivation
5. Angewohnheiten
6. Kommunikation
7. Esstrategie
8. Unangenehme Erlebnisse
9. Kritik
10. Schuldgefühle
11. Lampenfieber
12. Zielerreichung
13. Heilung
14. Trauer
15. Interferenz

16. Zeitmanagement
17. Konfliktlösung
18. Beziehung
19. Unerwünschte Persönlichkeitsanteile
20. Selbstbehauptung
21. Schamgefühle
22. Allergien
23. Zwänge
24. Einschränkende Glaubenssätze
25. Bereinigung Vergangenheit
26. Depressionen
27. Flexibilität

Literatur

1. Mit Herz und Verstand-NLP für alle Fälle
   Connirae und Steve Andreas
2. Gewußt wie-Arbeit mit Submodalitäten und weiteren NLP-Interventionen nach Maß/ Steve und Connirae Andreas
3. Der Weg zur inneren Quelle- Core Transformationen in der Praxis. Neue Dimensionen im NLP / Connirae und Tamara Andreas
4. Bitte verändern Sie sich...jetzt! Transkripte meisterhafter NLP-Sitzungen
   Richard Bandler
5. Unbändige Motivation-Angewandte Neurodynamik. Über NLP, schnelle Veränderung und vieles mehr / Richard Bandler
6. Reframing -Ein ökologischer Ansatz in der Psychotherapie (NLP)
   Richard Bandler und John Grinder
7. Neue Wege der Kurzzeit-Therapie - Frogs into Princes
   Richard Bandler und John Grinder
8. Strukturen subjektiver Erfahrung- Ihre Erforschung und Veränderung durch NLP Robert Dilts, Richard Bandler und John Grinder
9. Der erleuchtete Bio-Computer – NLP-Betriebshandbuch Basis
   Gerhard Fries, Roland Gruber, Jürgen Leistikow, Dietrich Buchner, Wolf Lasko
10. Time Coaching-Programmieren Sie Ihre Zukunft...jetzt!
    Tad James
11. NLP-Modelle-Fluff & Facts
    Martina Schmidt-Tanger und Jörn Kreische
12. Triffst du `nen Frosch unterwegs – NLP für die Praxis
    Thies Stahl